LOS PODERES DEL APOCALIPSIS

Gilberto Gallardo Espindola

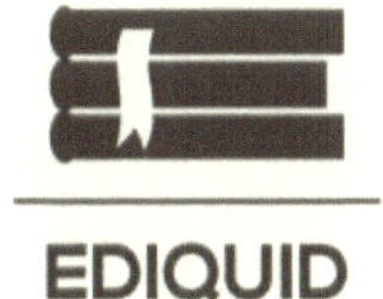

LOS PODERES DEL APOCALIPSIS

Editado por: Corporación Ígneo, S.A.C.
para su sello editorial Ediquid
Av. Arequipa 185 1380, Urb. Santa Beatriz. Lima, Perú
Primera edición, junio, 2023

ISBN: 978-612-5112-07-1
Impresión bajo demanda

Hecho el Depósito Legal en la Biblioteca Nacional del Perú N° 2023-04016
Se terminó de imprimir en junio del 2023 en:
ALEPH IMPRESIONES SRL
Jr. Risso Nro. 580 Lince, Lima

www.grupoigneo.com
Correo electrónico: contacto@grupoigneo.com
Facebook: Grupo Ígneo | Twitter: @editorialigneo | Instagram: @grupoigneo

Colección: Pensamiento

Contenido

Dedicatoria

Quiero dedicar esta obra a mi familia directa: mis padres, mis hermanos, mis hermanas y mis hijos. Todos ellos son merecedores de un reconocimiento por lo que han aportado a mi vida, por la información que, de manera consciente o inconsciente, han vertido en mí, la cual se ha transformado en conocimiento y experiencia. Todo es útil en esta vida si uno sabe darle el tratamiento adecuado para obtener beneficios espirituales, emocionales, físicos o materiales.

En la etapa de hijo, en casa de mis padres, recibí valores muy enriquecedores que constituyen una fuerte base moral que me ha dado la seguridad, la entereza y la sapiencia para avanzar, a pesar de las vicisitudes, que no han sido escasas en mi vida. Mi fortaleza emocional parte de esa época.

De mis padres he heredado, además, una constitución genética única que me hace diferente a todos los demás seres humanos de este planeta. Es seguro que, producto de su constitución **genética**, cada ser tiene singulares destrezas, y ventajas o desventajas de adaptabilidad.

La etapa de padre ha consolidado mis valores y me ha ayudado mucho a moldear un particular criterio que conjuga la imparcialidad, la equidad y la justicia. No ha sido fácil: no soy el padre perfecto, pero sigo aprendiendo. Como hombre y padre a la vez, he entendido que toda crisis representa el inicio de un cambio, y que todo cambio implica un desarrollo evolutivo, siempre que estemos preparados para recibirlo y adaptarnos a él.

Este mensaje es para todos ellos, a quienes les expreso mi respeto y mi cariño.

Agradecimientos

Hoy manifiesto mi agradecimiento al creador de todas las cosas: a la vida, a la Divina Providencia. Justo es dar gracias a quien ha creado todo, incluidos nosotros mismos.

Creo que no hemos sabido valorar y agradecer en la justa medida la vida que nos ha sido regalada para disfrutar de un paraíso llamado Tierra.

Los riesgos y peligros en los que me ha colocado el devenir de mi vida son experiencias insólitas. Solo una mano todopoderosa pudo solventar esos escabrosos pasajes.

Por mucho tiempo no he sido el más asiduo de los creyentes en mi religión católica, mas, creo con firmeza que nuestro Dios creador no es un padre castigador, sino un padre que nos ha indicado el bien y el mal. Por lo tanto, partiendo de tal enseñanza, podrás echar mano de tu libre albedrio y encontrar en tus acciones tu propio enjuiciamiento.

Con honestidad, hoy agradezco infinitamente a esta mística cultura porque he llegado con bien a este presente.

Ante una doctrina como la católico-cristiana, la retórica repetitiva es efímera cuando en tu devenir llevas la actitud de la certeza de tus convicciones, y en tu accionar, las bendiciones resultantes de ser y hacer el bien.

El Dios todopoderoso, creador del cielo y de la tierra, nos conoce de sobra y nos ha asignado un lugar a cada uno de nosotros. Por lo tanto, estoy convencido de que el fin de la humanidad como tal no es algo del futuro.

Prólogo

La creación de una obra literaria es producto de las inquietudes humanas, por lo que, al construirla, según el tema, se van entretejiendo innumerables aspectos que el autor desea dar a conocer a todas aquellas personas que gozan de la lectura. Es como saborear una bebida energizante.

El presente trabajo, expuesto por Gilberto Gallardo Espíndola, es una obra de crítica social, humanista y sensibilizadora ante los últimos acontecimientos. En ella, el autor nos invita a pensar en detalle el momento histórico que vive nuestro mundo, cuya incertidumbre aqueja a gran parte de la humanidad a la sombra de una gran crisis económica y de un desastre ecológico que amenazan con desestabilizar el equilibrio global. Ante tal adversidad, no hay garantías para la seguridad y la paz que todo ser pensante necesita.

Esta obra que estás por desmenuzar con tanta avidez se enfoca en cómo se han interpretado los grandes libros por parte de los numerosos entes pensantes que han tenido la virtud o la esperanza de ser los elegidos para transformar los pilares de la historia de la humanidad.

Ante los últimos acontecimientos, y después de haber vivido una pandemia que paralizó el mundo, son muchas las interrogantes que se adueñan del ser humano, las cuales aumentan en intensidad conforme a los desaciertos de los grandes consorcios que controlan los aspectos políticos, sociales, económicos y sanitarios del globo. Por lo tanto, es importante tener un pensamiento crítico al analizar los momentos históricos de los líderes para no caer en una manipulación de sus objetivos ocultos.

Con el fin de comprender los puntos expuestos por el autor, su filosofía de vida y su experiencia relacionada con la religión que abraza una gran parte de la población, pero sin llegar al fanatismo, es necesario —y el autor nos invita a ello en reiteradas ocasiones— leer e investigar. De esa forma, se podrá comprender esa serie de fuerzas centrifugas de fe y esperanza que se busca con tanto ahínco.

La población no es ajena a los grandes conflictos que se están forjando en nuestro planeta. Los estudiosos de las masas sociales han buscado, a través de sus escritos, posibles soluciones a tantas dudas que día a día surgen en sus mentes. Sin embargo, el mundo no siempre les ha dado respuestas creíbles, pues cada pensamiento es único y cada cabeza es un mundo.

De antemano, se sabe que el devenir de la raza humana se ha producido entre dos polos opuestos: el bien y el mal, el día y la oscuridad; que el ser humano, por naturaleza, tiende a redescubrir todo aquello que lo haga partícipe de una vida más llevadera; que la fe y la esperanza del cambio para el bien de la especie humana lo predisponen a aceptar verdades reveladas o reinventadas para tratar de comprender el tránsito del hombre por la tierra.

Cuando pienso en las explicaciones triviales de muchos pensadores y filósofos ante las grandes verdades y uno esa interpretación a los tiempos actuales de conveniencia, recuerdo esta parábola de la piedra:

El distraído tropezó con ella. El violento la usó como proyectil. El emperador la utilizó para construir. El campesino, cansado, la usó de asiento. Para los niños, fue un juguete. Con ella, David mató a Goliat. Con ella, Miguel Ángel hizo la más bella escultura.

En todos los casos, la diferencia no estuvo en la piedra, sino en el hombre. No existe «piedra» en tu camino que no pueda ser aprovechada para tu propio crecimiento.

Lem. Benita Reyes Gasca

Introducción

Considero útil la actualización geográfica y política de un documento como el presente, considerando la evolución cultural y los criterios contemporáneos de la población mundial. Además, las nuevas generaciones de lectores están interesadas en empaparse de la historia plasmada en los libros que conforman la Biblia, también conocida como las Sagradas Escrituras.

Todas las religiones tienen sus lugares sagrados, existiendo ciertos monumentos y zonas que toman un papel determinante en base a las creencias que representan. Pero para las religiones abrahámicas, estos sitios convergen en un mismo lugar sagrado conocido como Tierra Santa, un enclave muy importante para judíos, cristianos y musulmanes.

Históricamente, esta zona ha dejado su huella y evolución, siendo su control, codiciado por distintos pueblos que quisieran poseerla y que por lo mismo han suscitado grandes conflictos que incluso prevalecen hasta la época actual.

Aunque el concepto de Tierra Santa suele utilizarse para referirse a Jerusalén, lo cierto es que esta zona geográfica abarca mucho más, extendiéndose por aquellos lugares nombrados en los libros sagrados (lugares donde se desarrollaron escenas importantes), entre los territorios y países actuales involucrados se incluye a Palestina, Israel, siria, Irak, así como zonas de Turquía y Egipto.

Algunas de las ciudades y lugares importantes de esta zona son los siguientes:

Belén: Un lugar muy visitado por misioneros por ser el sitio donde nació Jesús y también el rey David.

Nazaret: La ciudad donde creció Jesús y ocurrió parte importante de su vida.

Monte Sinaí: Ubicado en Egipto, fue el lugar donde Moisés recibió las revelaciones divinas.

Rio Jordán: Ampliamente nombrado en la Biblia y famoso por ser el lugar donde Jesús recibió su bautismo.

El Desierto de Judea: Un lugar donde ocurrieron manifestaciones divinas y sucesos importantes como, batallas o escenas de personajes bíblicos.

Irak: La tierra natal del profeta Abrahán, conocida en la antigüedad como Caldea.

Jerusalén: Sin duda, la ciudad más importante de la zona de Tierra Santa para las tres religiones.

Para los judíos, fue la capital del antiguo reino de Israel y del reino de Judá. La ciudad alberga el muro de las lamentaciones, un lugar sagrado donde acuden en peregrinaje.

Para el cristianismo es el lugar donde murió Jesús Crucificado y donde ocurrió gran parte de su vida. En el lugar, se encuentra la iglesia del santo sepulcro.

Para los musulmanes, es una ciudad santa junto a la Meca y Medina, Urbe que Mahoma Visito y donde se encuentran los monumentos de la Cúpula de la Roca y la mezquita de Al-Aqsa.

La zona ha pasado por el control de muchos imperios y pueblos desde la antigüedad. Babilonios y persas, hasta griegos y romanos. A pesar de ello, a partir de nuestra era tendría un nuevo significado religioso.

En el año 66, la provincia romana de Judea se sublevo en lo que sería la primera guerra judeo-romana, conflicto en el que

Jerusalén, tras un largo asedio, fue destruida (incluyendo el templo, del que solo queda el muro de las lamentaciones).

Jerusalén y los judíos de la región intentarían varias veces separarse del control romano a través de guerras, rebeliones y revueltas, todas sin éxito alguno.

Con la expansión del cristianismo, la ciudad, que solo tenía importancia para los judíos, comenzó a atraer cristianos. Al ser el lugar donde Jesús fue crucificado, era un emplazamiento muy especial.

En el año 326, el emperador Constantino I ordeno la construcción de la iglesia del Santo Sepulcro, que rápidamente se convirtió en un sitio de peregrinaje.

La ciudad permaneció bajo el control del imperio bizantino durante los siguientes 300 años, hasta que fue conquistada por el imperio sasánida en 614, pocos años después volvería al control bizantino en el año 629.

La religión del islam que nació en el siglo VII con Mahoma, continuaba en constante expansión. Para los musulmanes, Jerusalén era una ciudad importante y, de hecho, en un principio oraban mirando en dirección a ella, pues era el lugar donde el profeta cabalgo en un sueño hasta llegar al cielo.

En el año 638 fue conquistada por los árabes, que se la arrebataron a los bizantinos. El califa Umar ibn al-Jattab permitió a los judíos y cristianos hacer vida en la ciudad.

Durante los siguientes 400 años, la ciudad estaría bajo control musulmán, siendo conquistada por los turcos del imperio selyúsida en 1073.

A pesar de que los cristianos podían vivir en Jerusalén, era inaceptable que la ciudad santa estuviese bajo control de infieles. En 1095, el papa Urbano II, predicó la idea de recuperar la tierra santa en el concilio de Clermont, en 1099 fue finalmente conquistada por Godofredo de Bouillon, tras lo cual se crearon los estados cruzados del reino de Jerusalén, los condados de Edesa, Trípoli y el principado de Antioquia.

Las cruzadas se extendieron por casi 200 años, en un periodo en el que, tras nueve cruzadas, la Tierra Santa cambio de control varias veces. Finalmente, la victoria musulmana fue definitiva al derrotar y conquistar a todos los Estados cruzados. Jerusalén quedaría bajo el control del sultanato mameluco de Egipto.

Con el auge del imperio otomano, Jerusalén quedo bajo su dominio en el año de 1517. La ciudad, a lo largo de su control, siguió siendo un centro religioso muy importante para las tres religiones y la población creció por los próximos siglos.

Entre los años de 1915 y 1918 Jerusalén también fue controlada por el imperio británico mediante el llamado Mandato Británico de Palestina.

En el presente siglo XXI, el amplio territorio de la Tierra Santa está formado por Estados independientes, principalmente Israel y Palestina, que mantienen un conflicto que ha llevado a varias guerras, no solo en ambas naciones, sino también en otros Estados árabes vecinos.

Actualmente, Jerusalén se encuentra controlada por Israel mientras que Palestina reclama la zona este de la ciudad (Meléndez, s. f.).

Criterios

La presente obra tiene como objetivo actualizar la observancia bíblica después de ser fijada de manera definitiva en el concilio de Trento en el siglo XVI. El incremento poblacional, la evolución de las sociedades humanas y la aparición de nuevas corrientes religiosas son elementos de gran importancia para reinterpretar el mensaje inmerso en el libro Apocalipsis.

Es posible que las palabras que conforman esta escritura generen cierta controversia en una u otra corriente religiosa. Para evitar ese inconveniente, invito a mis lectores a que observen con amplitud de criterio el rumbo del texto presente. Se alude aquí a una modernidad evolutiva y globalizante en la que, así como avanza la ciencia y la tecnología, debería avanzar también nuestro conocimiento mediante la lectura con el fin de informarnos y ampliar el acervo en nuestra área de elección.

Además de ser parte del título de la obra que sostienes en tus manos, el último libro del Nuevo Testamento refiere al controvertido y temerario Apocalipsis, por lo que es imperante iniciar con el análisis del significado del controversial título.

En sentido figurado, un apocalipsis puede ser un evento catastrófico o un cataclismo. La palabra, como tal, proviene del latín y del griego, y significa *revelación*.

El apocalipsis es un libro de carácter profético, en el que se encuentra una serie de revelaciones referentes al fin del mundo. En este sentido, es un texto rico en símbolos, que describe eventos y acontecimientos que, en un sentido cristiano, vienen a desembocar en el final de los tiempos.

Como tal, el Apocalipsis es un libro bíblico que ha sido sometido a gran cantidad de interpretaciones, investigaciones y estudios para tratar de desentrañar su sentido. De ahí que pueda ser leído desde distintos niveles de interpretación: la preterista, señala que, los eventos narrados ocurrieron históricamente en el siglo I; la idealista, según la cual el Apocalipsis es una alegoría de la lucha espiritual entre el bien y el mal; la futurista, que reconoce en personajes y acontecimientos históricos aquello que ha sido profetizado en el libro y, la historicista según la cual el Apocalipsis es la culminación del plan de Dios, expuesto en la Biblia de principio a fin.

Se afirma que el libro fue escrito a finales del siglo I o principios del siglo II, durante la época de las persecuciones que contra los cristianos se ordenaban desde Roma. De allí que suela afirmarse que éste trasfondo histórico vendría a justificar que el autor aconseje a los cristianos a permanecer en su fe, por encima de los sufrimientos, para acceder a la Nueva Jerusalén (*Significado de Apocalipsis*, s. f.).

Por otro lado, se le atribuye su autoría al apóstol San Juan, si bien el tema ha sido motivo de polémica. La teoría afirma que lo escribió durante su destierro en la isla de Patmos, en el mar Egeo. Sin embargo, otra teoría propone que el libro forma parte de la escritura joánica, es decir, del conjunto de escritos cuya autoría o inspiración son atribuidas a Juan. En cuanto al título del libro, se lo conoce también como Libro de las Revelaciones o Revelaciones de Jesucristo.

El interés que me mueve a escribir respecto del último libro del Nuevo Testamento dista mucho de poner en tela de juicio la culturalidad religiosa, aun cuando existe la vertiente científica que avala la aparición del hombre y su evolución.

Lo que sí pretendo es actualizar equivalencias de elementos y situaciones que podrían colocar al planeta, con toda su biodiversidad, en un clímax de exterminio total. Este fenómeno podría ser provocado por los mismos humanos mediante la liberación de energías devastadoras o por una catástrofe natural que combinase múltiples y demoledoras erupciones volcánicas tanto en el mar como en tierra firme, además de impredecibles terremotos y tsunamis que podrían cambiar la conformación de los continentes.

Lógicamente, este final es muy poco probable, dados los avances tecnológicos para detectar elementos que representen amenazas para el planeta Tierra incluso a años luz fuera de la atmosfera terrestre. Además, aunque ha habido eventos muy drásticos a lo largo de millones de años, la evidencia histórica del planeta muestra que los efectos de tales desastres se han limitado a zonas muy específicas, como por ejemplo la tan documentada hipótesis del meteorito que extinguió a los dinosaurios, que ocurrió en América, pero tuvo consecuencias en todo el planeta.

Aunque existe la posibilidad remota de que la combinación dc ciertos elementos que se estarían liberando en el ambiente pueda amenazar toda forma de vida en la Tierra, hablar de un exterminio —y, sobre todo, de la especie humana— representa un temor extremo, inexplicable, que nos lleva al límite de la imaginación fatalista.

En muchos casos, expresamos lo que les escuchamos decir a otras personas sin verificar la veracidad de la información. Por eso, con el fin de que podamos sustentar nuestras opiniones al respecto, me propongo examinar en esta obra los veintidós capítulos del libro Apocalipsis. Con esta lectura, podremos aquilatar distintos escenarios desde la época en que fue escrito hasta el presente. Después de ese análisis, expondré lo que, a mi muy particular criterio, son los actuales **poderes del Apocalipsis**.

La revelación de Jesucristo

1 La revelación de Jesucristo, que Dios le dio, para manifestar a
sus siervos las cosas que deben suceder pronto; y la declaró en-
viándola por medio de su ángel a su siervo Juan, 2 que ha dado
testimonio de la palabra de Dios, y del testimonio de Jesucristo,
y de todas las cosas que ha visto. 3 Bienaventurado el que lee y los
que oyen las palabras de esta profecía y guardan las cosas en ella
escritas; porque el tiempo está cerca.

Salutaciones a las siete iglesias

4 Juan, a las siete iglesias que están en Asia: Gracia y paz a vosotros, del que es y que era y que ha de venir y de los siete espíritus que están delante de su trono; 5 y de Jesucristo el testigo
fiel, el primogénito de los muertos, y el soberano de los reyes de
la tierra. Al que nos amó y nos lavó de nuestros pecados con su
sangre 6 y nos hizo reyes y sacerdotes para Dios, su Padre; a él sea
gloria e imperio por los siglos de los siglos. Amén. 7 He aquí que
viene con las nubes y todo ojo le verá y los que le traspasaron y
todos los linajes de la tierra harán lamentación por él. Sí, amén.

8 Yo soy el Alfa y la Omega, principio y fin, dice el Señor, el
que es y que era y que ha de venir, el Todopoderoso.

Una visión del Hijo del Hombre

9 Yo Juan, vuestro hermano y copartícipe vuestro en la tribulación, en el reino y en la paciencia de Jesucristo, estaba en la isla

llamada Patmos, por causa de la palabra de Dios y el testimonio
de Jesucristo. 10 Yo estaba en el Espíritu en el día del Señor, oí
detrás de mí una gran voz como de trompeta, 11 que decía: Yo soy
el Alfa y la Omega, el primero y el último. Escribe en un libro lo
que ves y envíalo a las siete iglesias que están en Asia: a Éfeso,
Esmirna, Pérgamo, Tiatira, Sardis, Filadelfia y Laodicea.

12 Y me volví para ver la voz que hablaba conmigo y vuelto, vi
siete candeleros de oro, 13 y en medio de los siete candeleros, a uno
semejante al Hijo del Hombre, vestido de una ropa que llegaba hasta
los pies ceñido por el pecho con un cinto de oro. 14 Su cabeza y sus
cabellos eran blancos como blanca lana, como nieve; sus ojos como
llama de fuego; 15 y sus pies semejantes al bronce bruñido, refulgente
como en un horno y su voz como estruendo de muchas aguas. 16 Tenía en su diestra siete estrellas; de su boca salía una espada aguda de
dos filos y su rostro era como el sol cuando resplandece en su fuerza.

17 Cuando le vi, caí como muerto a sus pies. Y él puso su diestra sobre mí, diciéndome: No temas; yo soy el primero y el último; 18 y el que vivo y estuve muerto; mas he aquí que vivo por
los siglos de los siglos, amén. Y tengo las llaves de la muerte y del
Hades. 19 Escribe las cosas que has visto, y las que son, y las que
han de ser después de estas. 20 El misterio de las siete estrellas
que has visto en mi diestra y de los siete candeleros de oro: las
siete estrellas son los ángeles de las siete iglesias, y los siete candeleros que has visto, son las siete iglesias.

Mensajes a las siete iglesias: El mensaje a Éfeso

2 Escribe al ángel de la iglesia en Éfeso: El que tiene las siete estrellas en su diestra, el que anda en medio de los siete candeleros
de oro, dice esto:

2 Yo conozco tus obras y tu arduo trabajo y paciencia y que no
puedes soportar a los malos y has probado a los que se dicen ser
apóstoles y no lo son y los has hallado mentirosos; 3 y has sufrido
y has tenido paciencia y has trabajado arduamente por amor de
mi nombre y no has desmayado. 4 Pero tengo contra ti, que has
dejado tu primer amor. 5 Recuerda, por tanto, de dónde has caído,
y arrepiéntete y haz las primeras obras; pues si no, vendré pronto
a ti y quitaré tu candelero de su lugar, si no te hubieres arrepenti-
do. 6 Pero tienes esto, que aborreces las obras de los nicolaítas, las
cuales yo también aborrezco. 7 El que tiene oído, oiga lo que el Espíritu dice a las iglesias. Al que venciere, le daré a comer del árbol
de la vida, el cual está en medio del paraíso de Dios.

El mensaje a Esmirna

8 Y escribe al ángel de la iglesia en Esmirna: El primero y el pos-
trero, el que estuvo muerto y vivió, dice esto:

9 Yo conozco tus obras y tu tribulación y tu pobreza (pero
tú eres rico) y la blasfemia de los que se dicen ser judíos y no lo
son, sino sinagoga de Satanás. 10 No temas en nada lo que vas a
padecer. He aquí, el diablo echará a algunos de vosotros en la
cárcel, para que seáis probados y tendréis tribulación por diez
días. Sé fiel hasta la muerte y yo te daré la corona de la vida. 11 El
que tiene oído, oiga lo que el Espíritu dice a las iglesias. El que
venciere, no sufrirá daño de la segunda muerte.

El mensaje a Pérgamo

12 Y escribe al ángel de la iglesia en Pérgamo: El que tiene la espada aguda de dos filos dice esto:

13 Yo conozco tus obras y dónde moras, donde está el trono
de Satanás; pero retienes mi nombre y no has negado mi fe, ni
aun en los días en que Antipas mi testigo fiel fue muerto entre
vosotros, donde mora Satanás. 14 Pero tengo unas pocas cosas
contra ti: que tienes ahí a los que retienen la doctrina de Balaam,
que enseñaba a Balac a poner tropiezo ante los hijos de Israel,
a comer de cosas sacrificadas a los ídolos y a cometer fornicación. 15 Y también tienes a los que retienen la doctrina de los
nicolaítas, la que yo aborrezco. 16 Por tanto, arrepiéntete; pues si
no, vendré a ti pronto y pelearé contra ellos con la espada de mi
boca. 17 El que tiene oído, oiga lo que el Espíritu dice a las iglesias.
Al que venciere, daré a comer del maná escondido y le daré una
piedrecita blanca y en la piedrecita escrito un nombre nuevo, el
cual ninguno conoce sino aquel que lo recibe.

El mensaje a Tiatira

18 Y escribe al ángel de la iglesia en Tiatira: El Hijo de Dios, el
que tiene ojos como llama de fuego y pies semejantes al bronce
bruñido, dice esto:

19 Yo conozco tus obras y amor, fe, servicio y tu paciencia y que
tus obras postreras son más que las primeras. 20 Pero tengo unas
pocas cosas contra ti: que toleras que esa mujer Jezabel, que se dice
profetisa, enseñe y seduzca a mis siervos a fornicar y a comer cosas
sacrificadas a los ídolos. 21 Y le he dado tiempo para que se arrepien-
ta, pero no quiere arrepentirse de su fornicación. 22 He aquí, yo la
arrojo en cama y en gran tribulación a los que con ella adulteran, si
no se arrepienten de las obras de ella. 23 Y a sus hijos heriré de muerte y todas las iglesias sabrán que yo soy el que escudriña la mente
y el corazón; y os daré a cada uno según vuestras obras. 24 Pero a

vosotros y a los demás que están en Tiatira, a cuantos no tienen esa
doctrina y no han conocido lo que ellos llaman las profundidades de
Satanás, yo os digo: No os impondré otra carga; 25 pero lo que tenéis,
retenedlo hasta que yo venga. 26 Al que venciere y guardare mis obras
hasta el fin, yo le daré autoridad sobre las naciones, 27 y las regirá con
vara de hierro y serán quebradas como vaso de alfarero; como yo
también la he recibido de mi Padre; 28 y le daré la estrella de la mañana. 29 El que tiene oído, oiga lo que el Espíritu dice a las iglesias.

El mensaje a Sardis

3 Escribe al ángel de la iglesia en Sardis: El que tiene los siete espíritus de Dios y las siete estrellas, dice esto:

Yo conozco tus obras, que tienes nombre de que vives y estás
muerto. 2 Sé vigilante y afirma las otras cosas que están para morir;
porque no he hallado tus obras perfectas delante de Dios. 3 Acuér-
date, pues, de lo que has recibido y oído; guárdalo, y arrepiéntete.
Pues si no velas, vendré sobre ti como ladrón y no sabrás a qué
hora vendré sobre ti. 4 Pero tienes unas pocas personas en Sardis
que no han manchado sus vestiduras; andarán conmigo en vestiduras blancas, porque son dignas. 5 El que venciere será vestido de
vestiduras blancas y no borraré su nombre del libro de la vida y
confesaré su nombre delante de mi Padre, y delante de sus ángeles. 6 El que tiene oído, oiga lo que el Espíritu dice a las iglesias.

El mensaje a Filadelfia

7 Escribe al ángel de la iglesia en Filadelfia: Esto dice el Santo, el
Verdadero, el que tiene la llave de David, el que abre y ninguno
cierra y cierra y ninguno abre:

[8] Yo conozco tus obras; he aquí, he puesto delante de ti una
puerta abierta, la cual nadie puede cerrar; porque, aunque tienes
poca fuerza, has guardado mi palabra, y no has negado mi nombre. [9] He aquí, yo entrego de la sinagoga de Satanás a los que se
dicen ser judíos y no lo son, sino que mienten; he aquí, yo haré
que vengan y se postren a tus pies y reconozcan que yo te he
amado. [10] Por cuanto has guardado la palabra de mi paciencia,
yo también te guardaré de la hora de la prueba que ha de venir
sobre el mundo entero, para probar a los que moran sobre la
tierra. [11] He aquí, yo vengo pronto; retén lo que tienes, para que
ninguno tome tu corona. [12] Al que venciere, yo lo haré columna
en el templo de mi Dios y nunca más saldrá de allí; escribiré
sobre él, el nombre de mi Dios y el nombre de la ciudad de mi
Dios, la nueva Jerusalén, la cual desciende del cielo, de mi Dios,
y mi nombre nuevo. [13] El que tiene oído, oiga lo que el Espíritu
dice a las iglesias.

El mensaje a Laodicea

[14] Y escribe al ángel de la iglesia en Laodicea: He aquí el Amén, el
testigo fiel y verdadero, el principio de la creación de Dios, dice
esto:

[15] Yo conozco tus obras, que ni eres frío ni caliente. ¡Ojalá
fueses frío o caliente! [16] Pero por cuanto eres tibio, y no frío ni
caliente, te vomitaré de mi boca. [17] Porque tú dices: Yo soy rico,
y me he enriquecido, y de ninguna cosa tengo necesidad; y no
sabes que tú eres un desventurado, miserable, pobre, ciego y
desnudo. [18] Por tanto, yo te aconsejo que, de mí, compres oro
refinado en fuego, para que seas rico, y vestiduras blancas para
vestirte, y que no se descubra la vergüenza de tu desnudez; y

unge tus ojos con colirio, para que veas. 19 Yo reprendo y castigo
a todos los que amo; sé, pues, celoso, y arrepiéntete. 20 He aquí,
yo estoy a la puerta y llamo; si alguno oye mi voz y abre la puerta,
entraré a él, y cenaré con él, y él conmigo. 21 Al que venciere, le
daré que se siente conmigo en mi trono, así como yo he vencido,
y me he sentado con mi Padre en su trono. 22 El que tiene oído,
oiga lo que el Espíritu dice a las iglesias.

La adoración celestial

4 Después de esto miré, y he aquí una puerta abierta en el cielo; la primera voz que oí, como de trompeta, hablando conmigo,
dijo: Sube acá, yo te mostraré las cosas que sucederán después de
estas. 2 Y al instante yo estaba en el Espíritu; he aquí, un trono
establecido en el cielo y en el trono, uno sentado. 3 Y el aspecto del que estaba sentado era semejante a piedra de jaspe y de
cornalina; había alrededor del trono un arco iris, semejante en
aspecto a la esmeralda. 4 Y alrededor del trono había veinticuatro
tronos; vi sentados en los tronos a veinticuatro ancianos, vestidos
de ropas blancas, con coronas de oro en sus cabezas. 5 Y del trono
salían relámpagos y truenos y voces y delante del trono ardían
siete lámparas de fuego, las cuales son los siete espíritus de Dios.

6 Y delante del trono había como un mar de vidrio semejante
al cristal y junto al trono como alrededor del trono, cuatro seres
vivientes llenos de ojos delante y detrás. 7 El primer ser viviente
era semejante a un león, el segundo era semejante a un becerro,
el tercero tenía rostro como de hombre y el cuarto era semejante a un águila volando. 8 Y los cuatro seres vivientes tenían
cada uno seis alas alrededor y por dentro estaban llenos de ojos y
no cesaban día y noche de decir: Santo, santo, santo es el Señor

Dios Todopoderoso, el que era, el que es y el que ha de venir. 9 Y siempre que aquellos seres vivientes dan gloria y honra y acción de gracias al que está sentado en el trono, al que vive por los siglos de los siglos, 10 los veinticuatro ancianos se postran delante del que está sentado en el trono y adoran al que vive por los siglos de los siglos y echan sus coronas delante del trono, diciendo: 11 Señor, digno eres de recibir la gloria, la honra y el poder; porque tú creaste todas las cosas, y por tu voluntad existen y fueron creadas.

El rollo y el Cordero

5 Y vi en la mano derecha del que estaba sentado en el trono un libro escrito por dentro y por fuera, sellado con siete sellos. 2 Y vi a un ángel fuerte que pregonaba a gran voz: ¿Quién es digno de abrir el libro y desatar sus sellos? 3 Y ninguno, ni en el cielo ni en la tierra ni debajo de la tierra, podía abrir el libro, ni aun mirarlo. 4 Y lloraba yo mucho, porque no se había hallado a ninguno digno de abrir el libro, ni de leerlo, ni de mirarlo. 5 Y uno de los ancianos me dijo: No llores. He aquí que el León de la tribu de Judá, la raíz de David, ha vencido para abrir el libro y desatar sus siete sellos.

6 Y miré, y vi que en medio del trono y de los cuatro seres vivientes y en medio de los ancianos, estaba en pie un Cordero como inmolado, que tenía siete cuernos y siete ojos, los cuales son los siete espíritus de Dios enviados por toda la tierra. 7 Y vino y tomó el libro de la mano derecha del que estaba sentado en el trono. 8 Y cuando hubo tomado el libro, los cuatro seres vivientes y los veinticuatro ancianos se postraron delante del Cordero; todos tenían arpas y copas de oro llenas de incienso, que son las oraciones de los santos 9 y cantaban un nuevo cántico, diciendo:

Digno eres de tomar el libro y de abrir sus sellos, porque tú fuiste inmolado, y con tu sangre nos has redimido para Dios, de todo linaje, lengua, pueblo y nación; 10 y nos has hecho para nuestro Dios reyes y sacerdotes y reinaremos sobre la tierra. 11 Y miré y oí la voz de muchos ángeles alrededor del trono y de los seres vivientes y de los ancianos y su número era millones de millones, 12 que decían a gran voz: El Cordero que fue inmolado es digno de tomar el poder, las riquezas, la sabiduría, la fortaleza, la honra, la gloria y la alabanza. 13 Y a todo lo creado que está en el cielo y sobre la tierra y debajo de la tierra y en el mar y a todas las cosas que en ellos hay, oí decir: Al que está sentado en el trono y al Cordero, sea la alabanza, la honra, la gloria y el poder, por los siglos de los siglos. 14 Los cuatro seres vivientes decían: Amén y los veinticuatro ancianos se postraron sobre sus rostros y adoraron al que vive por los siglos de los siglos.

Los sellos

6 Vi cuando el Cordero abrió uno de los sellos y oí a uno de los cuatro seres vivientes decir como con voz de trueno: Ven y mira. 2 Y miré y he aquí un caballo blanco y el que lo montaba tenía un arco y le fue dada una corona y salió venciendo y para vencer.

3 Cuando abrió el segundo sello, oí al segundo ser viviente, que decía: Ven y mira. 4 Y salió otro caballo, bermejo y al que lo montaba le fue dado poder de quitar de la tierra la paz y que se matasen unos a otros y se le dio una gran espada.

5 Cuando abrió el tercer sello, oí al tercer ser viviente, que decía: Ven y mira. Y miré, y he aquí un caballo negro y el que lo montaba tenía una balanza en la mano. 6 Y oí una voz de en medio de los cuatro seres vivientes, que decía: Dos libras de trigo

por un denario y seis libras de cebada por un denario; pero no dañes el aceite ni el vino.

7 Cuando abrió el cuarto sello, oí la voz del cuarto ser viviente, que decía: Ven y mira. 8 Miré y he aquí un caballo amarillo, y el que lo montaba tenía por nombre Muerte y el Hades le seguía y le fue dada potestad sobre la cuarta parte de la tierra, para matar con espada, con hambre, con mortandad y con las fieras de la tierra.

9 Cuando abrió el quinto sello, vi bajo el altar las almas de los que habían sido muertos por causa de la palabra de Dios y por el testimonio que tenían. 10 Y clamaban a gran voz, diciendo: ¿Hasta cuándo, Señor santo y verdadero?, ¿no juzgas y vengas nuestra sangre en los que moran en la tierra? 11 Y se les dieron vestiduras blancas y se les dijo que descansasen todavía un poco de tiempo, hasta que se completara el número de sus consiervos y sus hermanos, que también habían de ser muertos como ellos.

12 Miré cuando abrió el sexto sello y he aquí hubo un gran terremoto y el sol se puso negro como tela de cilicio y la luna se volvió toda como sangre 13 y las estrellas del cielo cayeron sobre la tierra, como la higuera deja caer sus higos cuando es sacudida por un fuerte viento. 14 Y el cielo se desvaneció como un pergamino que se enrolla y todo monte y toda isla se removió de su lugar. 15 Y los reyes de la tierra y los grandes, los ricos, los capitanes, los poderosos, y todo siervo y todo libre, se escondieron en las cuevas y entre las peñas de los montes 16 y decían a los montes y a las peñas: Caed sobre nosotros y escondednos del rostro de aquel que está sentado sobre el trono y de la ira del Cordero 17 porque el gran día de su ira ha llegado; ¿y quién podrá sostenerse en pie?

Los 144 mil sellados

7 Después de esto vi a cuatro ángeles en pie sobre los cuatro
ángulos de la tierra, que detenían los cuatro vientos de la tierra,
para que no soplase viento alguno sobre la tierra, ni sobre el
mar, ni sobre ningún árbol. 2 Vi también a otro ángel que subía
de donde sale el sol, y tenía el sello del Dios vivo y clamó a gran
voz a los cuatro ángeles, a quienes se les había dado el poder
de hacer daño a la tierra y al mar, 3 diciendo: No hagáis daño a
la tierra, ni al mar, ni a los árboles, hasta que hayamos sellado
en sus frentes a los siervos de nuestro Dios. 4 Y oí el número de
los sellados: ciento cuarenta y cuatro mil sellados de todas las
tribus de los hijos de Israel. 5 De la tribu de Judá, doce mil sellados. De la tribu de Rubén, doce mil sellados. De la tribu de Gad,
doce mil sellados. 6 De la tribu de Aser, doce mil sellados. De
la tribu de Neftalí, doce mil sellados. De la tribu de Manasés,
doce mil sellados. 7 De la tribu de Simeón, doce mil sellados. De
la tribu de Leví, doce mil sellados. De la tribu de Isacar, doce
mil sellados. 8 De la tribu de Zabulón, doce mil sellados. De la
tribu de José, doce mil sellados. De la tribu de Benjamín, doce
mil sellados.

La multitud vestida de ropas blancas

9 Después de esto miré y he aquí una gran multitud, la cual nadie podía contar, de todas naciones, tribus, pueblos y lenguas,
que estaban delante del trono y en la presencia del Cordero,
vestidos de ropas blancas y con palmas en las manos 10 y clamaban a gran voz, diciendo: La salvación pertenece a nuestro
Dios que está sentado en el trono, y al Cordero. 11 Y todos los
ángeles estaban en pie alrededor del trono y de los ancianos y

de los cuatro seres vivientes y se postraron sobre sus rostros delante del trono, y adoraron a Dios, 12 diciendo: Amén. La bendición, la gloria, la sabiduría, la acción de gracias, la honra, el poder y la fortaleza, sean a nuestro Dios por los siglos de los siglos. Amén.

13 Entonces uno de los ancianos habló, diciéndome: Estos que están vestidos de ropas blancas, ¿quiénes son y de dónde han venido? 14 Yo le dije: Señor, tú lo sabes. Y él me dijo: Estos son los que han salido de la gran tribulación, y han lavado sus ropas y las han emblanquecido en la sangre del Cordero. 15 Por esto están delante del trono de Dios y le sirven día y noche en su templo y el que está sentado sobre el trono extenderá su tabernáculo sobre ellos. 16 Ya no tendrán hambre ni sed y el sol no caerá más sobre ellos, ni calor alguno; 17 porque el Cordero que está en medio del trono los pastoreará y los guiará a fuentes de aguas de vida y Dios enjugará toda lágrima de los ojos de ellos.

El séptimo sello

8 Cuando abrió el séptimo sello, se hizo silencio en el cielo como por media hora. 2 Y vi a los siete ángeles que estaban en pie ante Dios y se les dieron siete trompetas. 3 Otro ángel vino entonces y se paró ante el altar, con un incensario de oro y se le dio mucho incienso para añadirlo a las oraciones de todos los santos, sobre el altar de oro que estaba delante del trono. 4 Y de la mano del ángel subió a la presencia de Dios el humo del incienso con las oraciones de los santos. 5 Y el ángel tomó el incensario y lo llenó del fuego del altar y lo arrojó a la tierra y hubo truenos, voces, relámpagos y un terremoto.

Las trompetas

6 Y los siete ángeles que tenían las siete trompetas se dispusieron
a tocarlas.

7 El primer ángel tocó la trompeta y hubo granizo, fuego mezclado con sangre, que fueron lanzados sobre la tierra y la tercera
parte de los árboles se quemó y se quemó toda la hierba verde.

8 El segundo ángel tocó la trompeta y como una gran montaña ardiendo en fuego fue precipitada en el mar y la tercera parte
del mar se convirtió en sangre. 9 Y murió la tercera parte de los
seres vivientes que estaban en el mar y la tercera parte de las
naves fue destruida.

10 El tercer ángel tocó la trompeta y cayó del cielo una gran
estrella, ardiendo como una antorcha y cayó sobre la tercera
parte de los ríos y sobre las fuentes de las aguas. 11 Y el nombre
de la estrella es Ajenjo. Y la tercera parte de las aguas se convirtió en ajenjo y muchos hombres murieron a causa de esas aguas,
porque se hicieron amargas.

12 El cuarto ángel tocó la trompeta y fue herida la tercera parte del sol y la tercera parte de la luna y la tercera parte de las
estrellas, para que se oscureciese la tercera parte de ellos y no
hubiese luz en la tercera parte del día y asimismo de la noche.

13 Y miré y oí a un ángel volar por en medio del cielo, diciendo a gran voz: ¡Ay, ay, ay, de los que moran en la tierra, a
causa de los otros toques de trompeta que están para sonar los
tres ángeles!

9 El quinto ángel tocó la trompeta, y vi una estrella que cayó
del cielo a la tierra y se le dio la llave del pozo del abismo. 2 Y abrió
el pozo del abismo, subió humo del pozo como humo de un gran
horno y se oscureció el sol y el aire por el humo del pozo. 3 Y del

humo salieron langostas sobre la tierra y se les dio poder, como
tienen poder los escorpiones de la tierra. 4 Y se les mandó que no
dañasen a la hierba de la tierra, ni a cosa verde alguna, ni a ningún árbol, sino solamente a los hombres que no tuviesen el sello
de Dios en sus frentes. 5 Y les fue dado, no que los matasen, sino
que los atormentasen cinco meses y su tormento era como tormento de escorpión cuando hiere al hombre. 6 Y en aquellos días
los hombres buscarán la muerte, pero no la hallarán; y ansiarán
morir, pero la muerte huirá de ellos.

7 El aspecto de las langostas era semejante a caballos preparados para la guerra, en las cabezas tenían como coronas de oro,
sus caras eran como caras humanas, 8 tenían cabello como cabello de mujer, sus dientes eran como de leones, 9 tenían corazas
como corazas de hierro, el ruido de sus alas era como el estruendo de muchos carros de caballos corriendo a la batalla, 10 tenían
colas como de escorpiones y también aguijones y en sus colas
tenían poder para dañar a los hombres durante cinco meses. 11 Y
tienen por rey sobre ellos al ángel del abismo, cuyo nombre en
hebreo es Abadón, y en griego, Apolión.

12 El primer ay pasó; he aquí, vienen aún dos ayes después
de esto.

13 El sexto ángel tocó la trompeta y oí una voz de entre los
cuatro cuernos del altar de oro que estaba delante de Dios, 14 diciendo al sexto ángel que tenía la trompeta: Desata a los cuatro
ángeles que están atados junto al gran río Éufrates. 15 Y fueron
desatados los cuatro ángeles que estaban preparados para la
hora, día, mes y año, a fin de matar a la tercera parte de los hombres. 16 Y el número de los ejércitos de los jinetes era doscientos
millones. Yo oí su número. 17 Así vi en visión los caballos y a sus
jinetes, los cuales tenían corazas de fuego, de zafiro y de azufre.

Y las cabezas de los caballos eran como cabezas de leones y de su boca salían fuego, humo y azufre. 18 Por estas tres plagas fue muerta la tercera parte de los hombres; por el fuego, el humo y el azufre que salían de su boca. 19 Pues el poder de los caballos estaba en su boca y en sus colas; porque sus colas, semejantes a serpientes, tenían cabezas, y con ellas dañaban.

20 Y los otros hombres que no fueron muertos con estas plagas, ni aun así se arrepintieron de las obras de sus manos, ni dejaron de adorar a los demonios y a las imágenes de oro, de plata, de bronce, de piedra y de madera, las cuales no pueden ver, ni oír, ni andar; 21 y no se arrepintieron de sus homicidios, ni de sus hechicerías, ni de su fornicación, ni de sus hurtos.

El ángel con el librito

10 Vi descender del cielo a otro ángel fuerte, envuelto en una nube, con el arco iris sobre su cabeza y su rostro era como el sol y sus pies como columnas de fuego. 2 Tenía en su mano un librito abierto y puso su pie derecho sobre el mar, y el izquierdo sobre la tierra 3 y clamó a gran voz, como ruge un león y cuando hubo clamado, siete truenos emitieron sus voces. 4 Cuando los siete truenos hubieron emitido sus voces, yo iba a escribir; pero oí una voz del cielo que me decía: Sella las cosas que los siete truenos han dicho, y no las escribas. 5 Y el ángel que vi en pie sobre el mar y sobre la tierra, levantó su mano al cielo 6 y juró por el que vive por los siglos de los siglos, que creó el cielo y las cosas que están en él y la tierra y las cosas que están en ella y el mar y las cosas que están en él, que el tiempo no sería más, 7 sino que en los días de la voz del séptimo ángel, cuando él comience a tocar la trompeta, el misterio de Dios se consumará, como él lo anunció a sus siervos los profetas.

8 La voz que oí del cielo habló otra vez conmigo y dijo: Ve y
toma el librito que está abierto en la mano del ángel que está en
pie sobre el mar y sobre la tierra. 9 Y fui al ángel, diciéndole que
me diese el librito. Y él me dijo: Toma y cómelo y te amargará
el vientre, pero en tu boca será dulce como la miel. 10 Entonces
tomé el librito de la mano del ángel y lo comí y era dulce en
mi boca como la miel, pero cuando lo hube comido, amargó mi
vientre. 11 Y él me dijo: Es necesario que profetices otra vez sobre
muchos pueblos, naciones, lenguas y reyes.

Los dos testigos

11 Entonces me fue dada una caña semejante a una vara de medir
y se me dijo: Levántate, mide el templo de Dios, el altar y a los
que adoran en él. 2 Pero el patio que está fuera del templo déjalo
aparte, no lo midas, porque ha sido entregado a los gentiles; ellos
hollarán la ciudad santa cuarenta y dos meses. 3 Y daré a mis dos
testigos que profeticen por mil doscientos sesenta días, vestidos
de cilicio.

4 Estos testigos son los dos olivos y los dos candeleros que
están en pie delante del Dios de la tierra. 5 Si alguno quiere da-
ñarlos, sale fuego de la boca de ellos y devora a sus enemigos,
si alguno quiere hacerles daño, debe morir él de la misma manera. 6 Estos tienen poder para cerrar el cielo, a fin de que no
llueva en los días de su profecía, tienen poder sobre las aguas
para convertirlas en sangre, para herir la tierra con toda plaga,
cuantas veces quieran. 7 Cuando hayan acabado su testimonio, la bestia que sube del abismo hará guerra contra ellos, los
vencerá y los matará. 8 Y sus cadáveres estarán en la plaza de
la grande ciudad que en sentido espiritual se llama Sodoma y

Egipto, donde también nuestro Señor fue crucificado. 9 Y los de los pueblos, tribus, lenguas y naciones verán sus cadáveres por tres días y medio y no permitirán que sean sepultados. 10 Y los moradores de la tierra se regocijarán sobre ellos y se alegrarán y se enviarán regalos unos a otros porque estos dos profetas habían atormentado a los moradores de la tierra. 11 Pero después de tres días y medio entró en ellos el espíritu de vida enviado por Dios, se levantaron sobre sus pies y cayó gran temor sobre los que los vieron. 12 Y oyeron una gran voz del cielo, que les decía: Subid acá. Y subieron al cielo en una nube y sus enemigos los vieron. 13 En aquella hora hubo un gran terremoto y la décima parte de la ciudad se derrumbó y por el terremoto murieron en número de siete mil hombres, los demás se aterrorizaron y dieron gloria al Dios del cielo.

14 El segundo ay pasó; he aquí, el tercer ay viene pronto.

La séptima trompeta

15 El séptimo ángel tocó la trompeta, y hubo grandes voces en el cielo, que decían: Los reinos del mundo han venido a ser de nuestro Señor y de su Cristo y él reinará por los siglos de los siglos. 16 Y los veinticuatro ancianos que estaban sentados delante de Dios en sus tronos, se postraron sobre sus rostros y adoraron a Dios, 17 diciendo: Te damos gracias, Señor Dios Todopoderoso, el que eres y que eras y que has de venir, porque has tomado tu gran poder y has reinado. 18 Y se airaron las naciones y tu ira ha venido, el tiempo de juzgar a los muertos, de dar el galardón a tus siervos los profetas, a los santos y a los que temen tu nombre, a los pequeños y a los grandes, de destruir a los que destruyen la tierra.

19 Y el templo de Dios fue abierto en el cielo, y el arca de su
pacto se veía en el templo. Y hubo relámpagos, voces, truenos,
un terremoto y grande granizo.

La mujer y el dragón

12 Apareció en el cielo una gran señal: una mujer vestida del sol,
con la luna debajo de sus pies y sobre su cabeza una corona de
doce estrellas. 2 Y estando encinta, clamaba con dolores de parto,
en la angustia del alumbramiento. 3 También apareció otra señal en el cielo: he aquí un gran dragón escarlata, que tenía siete
cabezas y diez cuernos, y en sus cabezas siete diademas; 4 y su
cola arrastraba la tercera parte de las estrellas del cielo y las arrojó sobre la tierra. Y el dragón se paró frente a la mujer que estaba
para dar a luz, a fin de devorar a su hijo tan pronto como nacie-
se. 5 Y ella dio a luz un hijo varón, que regirá con vara de hierro a
todas las naciones, su hijo fue arrebatado para Dios y para su trono. 6 Y la mujer huyó al desierto, donde tiene lugar preparado por
Dios, para que allí la sustenten por mil doscientos sesenta días.

7 Después hubo una gran batalla en el cielo. Miguel y sus ángeles luchaban contra el dragón; luchaban, el dragón y sus ángeles; 8 pero no prevalecieron, ni se halló ya lugar para ellos en el cielo. 9 Y fue lanzado fuera el gran dragón, la serpiente antigua, que
se llama diablo y Satanás, el cual engaña al mundo entero, fue
arrojado a la tierra, sus ángeles fueron arrojados con él. 10 Entonces oí una gran voz en el cielo, que decía: Ahora ha venido la
salvación, el poder y el reino de nuestro Dios y la autoridad de
su Cristo; porque ha sido lanzado fuera el acusador de nuestros
hermanos, el que los acusaba delante de nuestro Dios día y noche. 11 Y ellos le han vencido por medio de la sangre del Cordero

y de la palabra del testimonio de ellos y menospreciaron sus vidas hasta la muerte. 12 Por lo cual alegraos, cielos y los que mo-
ráis en ellos. ¡Ay de los moradores de la tierra y del mar! porque
el diablo ha descendido a vosotros con gran ira, sabiendo que
tiene poco tiempo.

13 Y cuando vio el dragón que había sido arrojado a la tierra,
persiguió a la mujer que había dado a luz al hijo varón. 14 Y se le
dieron a la mujer las dos alas de la gran águila, para que volase
de delante de la serpiente al desierto, a su lugar, donde es sus-
tentada por un tiempo y tiempos y la mitad de un tiempo. 15 Y la
serpiente arrojó de su boca, tras la mujer, agua como un río, para
que fuese arrastrada por el río. 16 Pero la tierra ayudó a la mujer,
pues la tierra abrió su boca y tragó el río que el dragón había
echado de su boca. 17 Entonces el dragón se llenó de ira contra la
mujer y se fue a hacer guerra contra el resto de la descendencia
de ella, los que guardan los mandamientos de Dios y tienen el
testimonio de Jesucristo.

Las dos bestias

13 Me paré sobre la arena del mar, y vi subir del mar una bestia que tenía siete cabezas y diez cuernos; y en sus cuernos diez
diademas, sobre sus cabezas, un nombre blasfemo. 2 Y la bestia
que vi era semejante a un leopardo, sus pies como de oso, su boca
como boca de león. Y el dragón le dio su poder y su trono y grande autoridad. 3 Vi una de sus cabezas como herida de muerte,
pero su herida mortal fue sanada, y se maravilló toda la tierra en
pos de la bestia, 4 y adoraron al dragón que había dado autoridad
a la bestia y adoraron a la bestia, diciendo: ¿Quién como la bestia
y quién podrá luchar contra ella?

[5]También se le dio boca que hablaba grandes cosas y blasfemias y se le dio autoridad para actuar cuarenta y dos meses. [6]Y
abrió su boca en blasfemias contra Dios, para blasfemar de su
nombre, de su tabernáculo y de los que moran en el cielo. [7]Y se
le permitió hacer guerra contra los santos, y vencerlos. También
se le dio autoridad sobre toda tribu, pueblo, lengua y nación. [8]Y
la adoraron todos los moradores de la tierra cuyos nombres no
estaban escritos en el libro de la vida del Cordero que fue inmolado desde el principio del mundo. [9]Si alguno tiene oído,
oiga. [10]Si alguno lleva en cautividad, va en cautividad; si alguno
mata a espada, a espada debe ser muerto. Aquí está la paciencia
y la fe de los santos.

[11]Después vi otra bestia que subía de la tierra, tenía dos
cuernos semejantes a los de un cordero, pero hablaba como
dragón. [12]Y ejerce toda la autoridad de la primera bestia
en presencia de ella, hace que la tierra y los moradores de
ella adoren a la primera bestia, cuya herida mortal fue sanada. [13]También hace grandes señales, de tal manera que aun
hace descender fuego del cielo a la tierra delante de los hombres. [14]Y engaña a los moradores de la tierra con las señales
que se le ha permitido hacer en presencia de la bestia, man-
dando a los moradores de la tierra que le hagan imagen a la
bestia que tiene la herida de espada, y vivió. [15]Y se le permitió
infundir aliento a la imagen de la bestia, para que la imagen
hablase e hiciese matar a todo el que no la adorase. [16]Y hacía que, a todos, pequeños y grandes, ricos y pobres, libres y
esclavos, se les pusiese una marca en la mano derecha, o en
la frente, [17]y que ninguno pudiese comprar ni vender, sino el
que tuviese la marca o el nombre de la bestia, o el número de
su nombre. [18]Aquí hay sabiduría. El que tiene entendimiento,

cuente el número de la bestia, pues es número de hombre. Y su número es seiscientos sesenta y seis.

El cántico de los 144 mil

14 Después miré y he aquí el Cordero estaba en pie sobre el monte de Sion, y con él ciento cuarenta y cuatro mil, que tenían el nombre de él y el de su Padre escrito en la frente. 2 Y oí una voz del cielo como estruendo de muchas aguas, y como sonido de un gran trueno, la voz que oí era como de arpistas que tocaban sus arpas. 3 Y cantaban un cántico nuevo delante del trono y delante de los cuatro seres vivientes y de los ancianos y nadie podía aprender el cántico sino aquellos, ciento cuarenta y cuatro mil que fueron redimidos de entre los de la tierra. 4 Estos son los que no se contaminaron con mujeres, pues son vírgenes. Estos son los que siguen al Cordero por dondequiera que va. Estos fueron redimidos de entre los hombres como primicias para Dios y para el Cordero 5 y en sus bocas no fue hallada mentira, pues son sin mancha delante del trono de Dios.

El mensaje de los tres ángeles

6 Vi volar por en medio del cielo a otro ángel, que tenía el evangelio eterno para predicarlo a los moradores de la tierra, a toda nación, tribu, lengua y pueblo, 7 diciendo a gran voz: Temed a Dios y dadle gloria, porque la hora de su juicio ha llegado y adorad a aquel que hizo el cielo y la tierra, el mar y las fuentes de las aguas.

8 Otro ángel le siguió, diciendo: Ha caído, ha caído Babilonia, la gran ciudad, porque ha hecho beber a todas las naciones del vino del furor de su fornicación.

9 Y el tercer ángel los siguió, diciendo a gran voz: Si alguno adora a la bestia y a su imagen y recibe la marca en su
frente o en su mano, 10 él también beberá del vino de la ira
de Dios, que ha sido vaciado puro en el cáliz de su ira y será
atormentado con fuego y azufre delante de los santos ángeles
y del Cordero 11 y el humo de su tormento sube por los siglos
de los siglos. Y no tienen reposo de día ni de noche los que
adoran a la bestia y a su imagen, ni nadie que reciba la marca
de su nombre.

12 Aquí está la paciencia de los santos, los que guardan los
mandamientos de Dios y la fe de Jesús.

13 Oí una voz que desde el cielo me decía: Escribe: Bienaventurados de aquí en adelante los muertos que mueren en el Señor.
Sí, dice el Espíritu, descansarán de sus trabajos, porque sus obras
con ellos siguen.

La tierra es segada

14 Miré, y he aquí una nube blanca y sobre la nube uno sentado semejante al Hijo del Hombre, que tenía en la cabeza una corona de
oro y en la mano una hoz aguda. 15 Y del templo salió otro ángel,
clamando a gran voz al que estaba sentado sobre la nube: Mete tu
hoz y siega, porque la hora de segar ha llegado, pues la mies de la
tierra está madura. 16 Y el que estaba sentado sobre la nube metió
su hoz en la tierra y la tierra fue segada.

17 Salió otro ángel del templo que está en el cielo, teniendo
también una hoz aguda. 18 Y salió del altar otro ángel, que tenía
poder sobre el fuego y llamó a gran voz al que tenía la hoz aguda,
diciendo: Mete tu hoz aguda y vendimia los racimos de la tierra,
porque sus uvas están maduras. 19 Y el ángel arrojó su hoz en la

tierra y vendimió la viña de la tierra y echó las uvas en el gran
lagar de la ira de Dios. 20 Y fue pisado el lagar fuera de la ciudad,
y del lagar salió sangre hasta los frenos de los caballos, por mil
seiscientos estadios.

Los ángeles con las siete postreras plagas

15 Vi en el cielo otra señal, grande y admirable: siete ángeles que
tenían las siete plagas postreras; porque en ellas se consumaba
la ira de Dios.

2 Vi también como un mar de vidrio mezclado con fuego y a
los que habían alcanzado la victoria sobre la bestia y su imagen,
su marca y el número de su nombre, en pie sobre el mar de vidrio, con las arpas de Dios. 3 Y cantan el cántico de Moisés siervo
de Dios y el cántico del Cordero, diciendo: Grandes y maravillosas son tus obras, Señor Dios Todopoderoso; justos y verdaderos
son tus caminos, Rey de los santos. 4 ¿Quién no te temerá, oh
Señor, y glorificará tu nombre? pues solo tú eres santo; por lo
cual todas las naciones vendrán y te adorarán, porque tus juicios
se han manifestado.

5 Después de estas cosas miré, y he aquí, fue abierto en el
cielo, el templo del tabernáculo del testimonio; 6 y del templo
salieron los siete ángeles que tenían las siete plagas, vestidos
de lino limpio y resplandeciente, ceñidos alrededor del pecho
con cintos de oro. 7 Y uno de los cuatro seres vivientes dio a
los siete ángeles siete copas de oro, llenas de la ira de Dios,
que vive por los siglos de los siglos. 8 Y el templo se llenó de
humo por la gloria de Dios y por su poder; y nadie podía entrar
en el templo hasta que se hubiesen cumplido las siete plagas de
los siete ángeles.

Las copas de ira

16 Oí una gran voz que decía desde el templo a los siete ángeles: Id
y derramad sobre la tierra las siete copas de la ira de Dios.

2 Fue el primero y derramó su copa sobre la tierra y vino una
úlcera maligna y pestilente sobre los hombres que tenían la marca de la bestia y que adoraban su imagen.

3 El segundo ángel derramó su copa sobre el mar y este se
convirtió en sangre como de muerto y murió todo ser vivo que
había en el mar.

4 El tercer ángel derramó su copa sobre los ríos y sobre las
fuentes de las aguas y se convirtieron en sangre. 5 Y oí al ángel
de las aguas, que decía: Justo eres tú, oh Señor, el que eres y que
eras, el Santo, porque has juzgado estas cosas. 6 Por cuanto de-
rramaron la sangre de los santos y de los profetas, también tú les
has dado a beber sangre, pues lo merecen. 7 También oí a otro,
que desde el altar decía: Ciertamente, Señor Dios Todopoderoso, tus juicios son verdaderos y justos.

8 El cuarto ángel derramó su copa sobre el sol, al cual fue
dado quemar a los hombres con fuego. 9 Y los hombres se
quemaron con el gran calor y blasfemaron el nombre de Dios,
que tiene poder sobre estas plagas y no se arrepintieron para
darle gloria.

10 El quinto ángel derramó su copa sobre el trono de la bestia
y su reino se cubrió de tinieblas y mordían de dolor sus lenguas 11 y blasfemaron contra el Dios del cielo por sus dolores y
por sus úlceras y no se arrepintieron de sus obras.

12 El sexto ángel derramó su copa sobre el gran río Éufrates
y el agua de este se secó, para que estuviese preparado el camino a los reyes del oriente. 13 Y vi salir de la boca del dragón y de

la boca de la bestia y de la boca del falso profeta, tres espíritus
inmundos a manera de ranas; 14 pues son espíritus de demonios,
que hacen señales y van a los reyes de la tierra en todo el mundo, para reunirlos a la batalla de aquel gran día del Dios Todopoderoso. 15 He aquí, yo vengo como ladrón. Bienaventurado el
que vela y guarda sus ropas, para que no ande desnudo y vean
su vergüenza. 16 Y los reunió en el lugar que en hebreo se llama
Armagedón.

17 El séptimo ángel derramó su copa por el aire y salió una gran
voz del templo del cielo, del trono, diciendo: Hecho está. 18 Entonces hubo relámpagos, voces, truenos y un gran temblor de
tierra, un terremoto tan grande, cual no lo hubo jamás desde
que los hombres han estado sobre la tierra. 19 Y la gran ciudad
fue dividida en tres partes y las ciudades de las naciones cayeron
y la gran Babilonia vino en memoria delante de Dios, para darle
el cáliz del vino del ardor de su ira. 20 Y toda isla huyó y los montes no fueron hallados. 21 Y cayó del cielo sobre los hombres un
enorme granizo como del peso de un talento y los hombres blasfemaron contra Dios por la plaga del granizo porque su plaga fue
sobremanera grande.

Condenación de la gran ramera

17 Vino entonces uno de los siete ángeles que tenían las siete copas y habló conmigo diciéndome: Ven acá, te mostraré la sen-
tencia contra la gran ramera, la que está sentada sobre muchas
aguas; 2 con la cual han fornicado los reyes de la tierra, los moradores de la tierra se han embriagado con el vino de su fornicación. 3 Y me llevó en el Espíritu al desierto y vi a una mujer
sentada sobre una bestia escarlata llena de nombres de blasfemia,

que tenía siete cabezas y diez cuernos. 4 Y la mujer estaba vestida de púrpura y escarlata, adornada de oro, de piedras preciosas de perlas y tenía en la mano un cáliz de oro lleno de abominaciones y de la inmundicia de su fornicación; 5 y en su frente un nombre escrito, un misterio: Babilonia la grande, la madre de las rameras y de las abominaciones de la tierra. 6 Vi a la mujer ebria de la sangre de los santos, de la sangre de los mártires de Jesús, cuando la vi, quedé con gran asombro.

7 Y el ángel me dijo: ¿Por qué te asombras? Yo te diré el misterio de la mujer, de la bestia que la trae, la cual tiene las siete cabezas y los diez cuernos. 8 La bestia que has visto, era y no es y está para subir del abismo e ir a perdición; los moradores de la tierra, aquellos cuyos nombres no están escritos desde la fundación del mundo en el libro de la vida, se asombrarán viendo la bestia que era y no es y será. 9 Esto, para la mente que tenga sabiduría: Las siete cabezas son siete montes, sobre los cuales se sienta la mujer, 10 y son siete reyes. Cinco de ellos han caído; uno es y el otro aún no ha venido y cuando venga, es necesario que dure breve tiempo. 11 La bestia que era y no es, es también el octavo, es de entre los siete, y va a la perdición. 12 Y los diez cuernos que has visto, son diez reyes, que aún no han recibido reino, pero por una hora recibirán autoridad como reyes juntamente con la bestia. 13 Estos tienen un mismo propósito y entregarán su poder y su autoridad a la bestia. 14 Pelearán contra el Cordero y el Cordero los vencerá, porque él es Señor de señores y Rey de reyes, los que están con él son llamados, elegidos y fieles.

15 Me dijo también: Las aguas que has visto donde la ramera se sienta, son pueblos, muchedumbres, naciones y lenguas. 16 Y los diez cuernos que viste en la bestia, estos aborrecerán a la ramera,

la dejarán desolada, desnuda y devorarán sus carnes Y la quemarán con fuego; [17] porque Dios ha puesto en sus corazones el ejecutar lo que él quiso: ponerse de acuerdo, dar su reino a la bestia, hasta que se cumplan las palabras de Dios. [18] Y la mujer que has visto es la gran ciudad que reina sobre los reyes de la tierra.

La caída de Babilonia

[18] Después de esto vi a otro ángel descender del cielo con gran poder y la tierra fue alumbrada con su gloria. [2] Y clamó con voz potente, diciendo: Ha caído, ha caído la gran Babilonia, se ha hecho habitación de demonios y guarida de todo espíritu inmundo, albergue de toda ave inmunda y aborrecible. [3] Porque todas las naciones han bebido del vino del furor de su fornicación; los reyes de la tierra han fornicado con ella y los mercaderes de la tierra se han enriquecido de la potencia de sus deleites. [4] Y oí otra voz del cielo, que decía: Salid de ella, pueblo mío, para que no seáis partícipes de sus pecados, ni recibáis parte de sus plagas; [5] porque sus pecados han llegado hasta el cielo y Dios se ha acordado de sus maldades. [6] Dadle a ella como ella os ha dado, y pagadle doble según sus obras; en el cáliz en que ella preparó bebida, preparadle a ella el doble. [7] Cuanto ella se ha glorificado y ha vivido en deleites, tanto dadle de tormento y llanto, porque dice en su corazón: Yo estoy sentada como reina y no soy viuda y no veré llanto; [8] por lo cual en un solo día vendrán sus plagas; muerte, llanto, hambre, y será quemada con fuego; porque poderoso es Dios el Señor, que la juzga.

[9] Y los reyes de la tierra que han fornicado con ella y con ella han vivido en deleites, llorarán y harán lamentación sobre ella, cuando vean el humo de su incendio, [10] parándose lejos por el temor de su

tormento, diciendo: ¡Ay, ay, de la gran ciudad de Babilonia, la ciudad fuerte, porque en una hora vino tu juicio!

11 Y los mercaderes de la tierra lloran y hacen lamentación sobre ella, porque ninguno compra más sus mercaderías; 12 mercadería de oro, de plata, de piedras preciosas, de perlas, de lino fino, de púrpura, de seda, de escarlata, de toda madera olorosa, de todo objeto de marfil, de todo objeto de madera preciosa, de cobre, de hierro y de mármol; 13 y canela, especias aromáticas, incienso, mirra, olíbano, vino, aceite, flor de harina, trigo, bestias, ovejas, caballos, carros, esclavos, almas de hombres. 14 Los frutos codiciados por tu alma se apartaron de ti y todas las cosas exquisitas y espléndidas te han faltado, y nunca más las hallarás.

15 Los mercaderes de estas cosas, que se han enriquecido a costa de ella, se pararán lejos por el temor de su tormento, llorando y lamentando, 16 y diciendo: ¡Ay, ay, de la gran ciudad, que estaba vestida de lino fino, de púrpura y de escarlata y estaba adornada de oro, de piedras preciosas y de perlas! 17 Porque en una hora han sido consumidas tantas riquezas. Y todo piloto y todos los que viajan en naves y marineros y todos los que trabajan en el mar, se pararon lejos; 18 y viendo el humo de su incendio, dieron voces, diciendo: ¿Qué ciudad era semejante a esta gran ciudad? 19 Y echaron polvo sobre sus cabezas y dieron voces, llorando, lamentando, diciendo: ¡Ay, ay de la gran ciudad, en la cual todos los que tenían naves en el mar se habían deleitado de sus riquezas; pues en una hora ha sido desolada! 20 Alégrate sobre ella, cielo, vosotros, santos, apóstoles y profetas; porque Dios os ha hecho justicia en ella.

21 Y un ángel poderoso tomó una piedra, como una gran piedra de molino y la arrojó en el mar, diciendo: Con el mismo ímpetu será derribada Babilonia, la gran ciudad y nunca más será

hallada. 22 Y voz de arpistas, de músicos, de flautistas y de trom-
peteros no se oirá más en ti; ningún artífice de oficio alguno se
hallará más en ti, ni ruido de molino se oirá más en ti. 23 Luz de
lámpara no alumbrará más en ti, ni voz de esposo y de esposa se
oirá más en ti; porque tus mercaderes eran los grandes de la tierra; pues por tus hechicerías fueron engañadas todas las naciones. 24 Y en ella se halló la sangre de los profetas y de los santos,
y de todos los que han sido muertos en la tierra.

Alabanzas en el cielo

19 Después de esto oí una gran voz de gran multitud en el cielo, que decía: ¡Aleluya! Salvación y honra, gloria y poder son
del Señor Dios nuestro; 2 porque sus juicios son verdaderos y
justos; pues ha juzgado a la gran ramera que ha corrompido
a la tierra con su fornicación y ha vengado la sangre de sus
siervos de la mano de ella. 3 Otra vez dijeron: ¡Aleluya! Y el
humo de ella sube por los siglos de los siglos. 4 Y los veinticuatro ancianos y los cuatro seres vivientes se postraron en tierra
y adoraron a Dios, que estaba sentado en el trono, y decían:
¡Amén! ¡Aleluya! 5 Y salió del trono una voz que decía: Alabad
a nuestro Dios todos sus siervos y los que le teméis, así pequeños como grandes. 6 Y oí como la voz de una gran multitud,
como el estruendo de muchas aguas, como la voz de grandes truenos, que decía: ¡Aleluya, porque el Señor nuestro Dios
Todopoderoso reina! 7 Gocémonos y alegrémonos y démosle
gloria; porque han llegado las bodas del Cordero, y su esposa
se ha preparado. 8 Y a ella se le ha concedido que se vista de
lino fino, limpio y resplandeciente; porque el lino fino es las
acciones justas de los santos.

La cena de las bodas del Cordero

[9] Y el ángel me dijo: Escribe: Bienaventurados los que son llamados a la cena de las bodas del Cordero. Y me dijo: Estas son
palabras verdaderas de Dios. [10] Yo me postré a sus pies para ado-
rarle. Y él me dijo: Mira, no lo hagas; yo soy consiervo tuyo y de
tus hermanos que retienen el testimonio de Jesús. Adora a Dios;
porque el testimonio de Jesús es el espíritu de la profecía.

El jinete del caballo blanco

[11] Entonces vi el cielo abierto; y he aquí un caballo blanco y el
que lo montaba se llamaba Fiel y Verdadero y con justicia juzga y
pelea. [12] Sus ojos eran como llama de fuego y había en su cabeza
muchas diademas y tenía un nombre escrito que ninguno cono-
cía sino él mismo. [13] Estaba vestido de una ropa teñida en sangre y su nombre es: el verbo de dios. [14] Y los ejércitos celestiales,
vestidos de lino finísimo, blanco y limpio, le seguían en caballos
blancos. [15] De su boca sale una espada aguda, para herir con ella
a las naciones y él las regirá con vara de hierro y él pisa el lagar
del vino del furor y de la ira del Dios Todopoderoso. [16] Y en su
vestidura y en su muslo tiene escrito este nombre: rey de reyes y
señor de señores.

[17] Y vi a un ángel que estaba en pie en el sol y clamó a gran
voz, diciendo a todas las aves que vuelan en medio del cielo: Ve-
nid y congregaos a la gran cena de Dios, [18] para que comáis carnes de reyes y de capitanes y carnes de fuertes, carnes de caballos
y de sus jinetes, y carnes de todos, libres y esclavos, pequeños y
grandes. [19] Y vi a la bestia, a los reyes de la tierra y a sus ejércitos,
reunidos para guerrear contra el que montaba el caballo y contra

su ejército. 20 Y la bestia fue apresada y con ella el falso profeta que había hecho delante de ella las señales con las cuales había engañado a los que recibieron la marca de la bestia y habían adorado su imagen. Estos dos fueron lanzados vivos dentro de un lago de fuego que arde con azufre. 21 Y los demás fueron muertos con la espada que salía de la boca del que montaba el caballo y todas las aves se saciaron de las carnes de ellos.

Los mil años

20 Vi a un ángel que descendía del cielo, con la llave del abismo y una gran cadena en la mano. 2 Y prendió al dragón, la serpiente antigua, que es el diablo y Satanás y lo ató por mil años; 3 lo arrojó al abismo y lo encerró y puso su sello sobre él, para que no engañase más a las naciones, hasta que fuesen cumplidos mil años y después de esto debe ser desatado por un poco de tiempo.

4 Y vi tronos y se sentaron sobre ellos los que recibieron facultad de juzgar y vi las almas de los decapitados por causa del testimonio de Jesús y por la palabra de Dios, los que no habían adorado a la bestia ni a su imagen y que no recibieron la marca en sus frentes ni en sus manos y vivieron y reinaron con Cristo mil años. 5 Pero los otros muertos no volvieron a vivir hasta que se cumplieron mil años. Esta es la primera resurrección. 6 Bienaventurado y santo el que tiene parte en la primera resurrección; la segunda muerte no tiene potestad sobre estos, sino que serán sacerdotes de Dios y de Cristo y reinarán con él mil años.

7 Cuando los mil años se cumplan, Satanás será suelto de su prisión 8 y saldrá a engañar a las naciones que están en los cuatro ángulos de la tierra, a Gog y a Magog, a fin de reunirlos para

la batalla; el número de los cuales es como la arena del mar. 9 Y
subieron sobre la anchura de la tierra, y rodearon el campa-
mento de los santos y la ciudad amada; y de Dios descendió
fuego del cielo y los consumió. 10 Y el diablo que los engañaba
fue lanzado en el lago de fuego y azufre, donde estaban la bestia y el falso profeta y serán atormentados día y noche por los
siglos de los siglos.

El juicio ante el gran trono blanco

11 Y vi un gran trono blanco y al que estaba sentado en él, de
delante del cual huyeron la tierra y el cielo y ningún lugar se
encontró para ellos. 12 Y vi a los muertos, grandes y pequeños, de
pie ante Dios; y los libros fueron abiertos y otro libro fue abierto,
el cual es el libro de la vida; y fueron juzgados los muertos por las
cosas que estaban escritas en los libros, según sus obras. 13 Y el
mar entregó los muertos que había en él y la muerte y el Hades
entregaron los muertos que había en ellos y fueron juzgados cada
uno según sus obras. 14 Y la muerte y el Hades fueron lanzados al
lago de fuego. Esta es la muerte segunda. 15 Y el que no se halló
inscrito en el libro de la vida fue lanzado al lago de fuego.

Cielo nuevo y tierra nueva

21 Vi un cielo nuevo y una tierra nueva porque el primer cielo
y la primera tierra pasaron, y el mar ya no existía más. 2 Y
yo Juan vi la santa ciudad, la nueva Jerusalén, descender del
cielo, de Dios, dispuesta como una esposa ataviada para su
marido. 3 Y oí una gran voz del cielo que decía: He aquí el
tabernáculo de Dios con los hombres y él morará con ellos y

ellos serán su pueblo y Dios mismo estará con ellos como su Dios. 4 Enjugará Dios toda lágrima de los ojos de ellos y ya no habrá muerte, ni habrá más llanto, ni clamor, ni dolor porque las primeras cosas pasaron.

5 Y el que estaba sentado en el trono dijo: He aquí, yo hago nuevas todas las cosas. Y me dijo: Escribe, porque estas palabras son fieles y verdaderas. 6 Y me dijo: Hecho está. Yo soy el Alfa y la Omega, el principio y el fin. Al que tuviere sed, yo le daré gratuitamente de la fuente del agua de la vida. 7 El que venciere heredará todas las cosas, y yo seré su Dios y él será mi hijo. 8 Pero los cobardes e incrédulos, los abominables y homicidas, los fornicarios y hechiceros, los idólatras y todos los mentirosos tendrán su parte en el lago que arde con fuego y azufre, que es la muerte segunda.

La nueva Jerusalén

9 Vino entonces a mí uno de los siete ángeles que tenían las siete copas llenas de las siete plagas postreras y habló conmigo, diciendo: Ven acá, yo te mostraré la desposada, la esposa del Cordero. 10 Y me llevó en el Espíritu a un monte grande y alto y me mostró la gran ciudad santa de Jerusalén, que descendía del cielo, de Dios, 11 teniendo la gloria de Dios. Y su fulgor era semejante al de una piedra preciosísima, como piedra de jaspe, diáfana como el cristal. 12 Tenía un muro grande y alto con doce puertas; y en las puertas, doce ángeles y nombres inscritos, que son los de las doce tribus de los hijos de Israel; 13 al oriente tres puertas; al norte tres puertas; al sur tres puertas; al occidente tres puertas. 14 Y el muro de la ciudad tenía doce cimientos, y sobre ellos los doce nombres de los doce apóstoles del Cordero.

[15] El que hablaba conmigo tenía una caña de medir, de oro,
para medir la ciudad, sus puertas y su muro. [16] La ciudad se halla establecida en cuadro y su longitud es igual a su anchura y
él midió la ciudad con la caña, doce mil estadios; la longitud, la
altura y la anchura de ella son iguales. [17] Y midió su muro, ciento cuarenta y cuatro codos, de medida de hombre, la cual es de
ángel. [18] El material de su muro era de jaspe; pero la ciudad era
de oro puro, semejante al vidrio limpio; [19] y los cimientos del
muro de la ciudad estaban adornados con toda piedra preciosa. El primer cimiento era jaspe; el segundo, zafiro; el tercero,
ágata; el cuarto, esmeralda; [20] el quinto, ónice, el sexto, cornalina; el séptimo, crisólito; el octavo, berilo; el noveno, topa-
cio; el décimo, crisopraso; el undécimo, Jacinto; el duodécimo,
amatista. [21] Las doce puertas eran doce perlas; cada una de las
puertas era una perla. Y la calle de la ciudad era de oro puro,
transparente como vidrio.

[22] Y no vi en ella templo; porque el Señor Dios Todopoderoso
es el templo de ella y el Cordero. [23] La ciudad no tiene necesidad
de sol ni de luna que brillen en ella porque la gloria de Dios la
ilumina y el Cordero es su lumbrera. [24] Y las naciones que hu-
bieren sido salvas andarán a la luz de ella y los reyes de la tierra
traerán su gloria y honor a ella. [25] Sus puertas nunca serán ce-
rradas de día, pues allí no habrá noche. [26] Y llevarán la gloria y la
honra de las naciones a ella. [27] No entrará en ella ninguna cosa
inmunda, o que hace abominación y mentira, sino solamente los
que están inscritos en el libro de la vida del Cordero.

[22] Después me mostró un río limpio de agua de vida, resplandeciente como cristal, que salía del trono de Dios y del
Cordero. [2] En medio de la calle de la ciudad y a uno y otro lado
del río, estaba el árbol de la vida, que produce doce frutos, dando

cada mes su fruto y las hojas del árbol eran para la sanidad de
las naciones. 3 Y no habrá más maldición y el trono de Dios y del
Cordero estará en ella y sus siervos le servirán, 4 y verán su rostro y su nombre estará en sus frentes. 5 No habrá allí más noche,
no tienen necesidad de luz de lámpara, ni de luz del sol, porque
Dios el Señor los iluminará y reinarán por los siglos de los siglos.

La venida de Cristo está cerca

6 Y me dijo: Estas palabras son fieles y verdaderas. Y el Señor, el
Dios de los espíritus de los profetas, ha enviado su ángel, para
mostrar a sus siervos las cosas que deben suceder pronto.

7 ¡He aquí, vengo pronto! Bienaventurado el que guarda las
palabras de la profecía de este libro.

8 Yo Juan soy el que oyó y vio estas cosas. Y después que las
hube oído y visto, me postré para adorar a los pies del ángel que
me mostraba estas cosas. 9 Pero él me dijo: Mira, no lo hagas
porque yo soy consiervo tuyo, de tus hermanos los profetas y de
los que guardan las palabras de este libro. Adora a Dios.

10 Y me dijo: No selles las palabras de la profecía de este libro,
porque el tiempo está cerca. 11 El que es injusto, sea injusto todavía
y el que es inmundo, sea inmundo todavía y el que es justo, practi-
que la justicia todavía y el que es santo, santifíquese todavía.

12 He aquí yo vengo pronto y mi galardón conmigo, para re-
compensar a cada uno según sea su obra. 13 Yo soy el Alfa y la
Omega, el principio y el fin, el primero y el último.

14 Bienaventurados los que lavan sus ropas, para tener derecho
al árbol de la vida y para entrar por las puertas en la ciudad. 15 Mas
los perros estarán fuera y los hechiceros, los fornicarios, los homicidas, los idólatras y todo aquel que ama y hace mentira.

16 Yo Jesús he enviado mi ángel para daros testimonio de estas cosas en las iglesias. Yo soy la raíz y el linaje de David, la estrella resplandeciente de la mañana.

17 Y el Espíritu y la Esposa dicen: Ven. Y el que oye, diga: Ven. Y el que tiene sed, venga; y el que quiera, tome del agua de la vida gratuitamente.

18 Yo testifico a todo aquel que oye las palabras de la profecía de este libro: Si alguno añadiere a estas cosas, Dios traerá sobre él las plagas que están escritas en este libro. 19 Y si alguno quitare de las palabras del libro de esta profecía, Dios quitará su parte del libro de la vida y de la santa ciudad y de las cosas que están escritas en este libro.

20 El que da testimonio de estas cosas dice: Ciertamente vengo en breve. Amén; sí, ven, Señor Jesús. 21 La gracia de nuestro Señor Jesucristo sea con todos vosotros. Amén (Reina-Valera, 1960, Apocalipsis 1-22)

Los poderes del Apocalipsis

Seguramente, el creador de todas las cosas, que conoce muy bien a sus hijos, los seres humanos que están hechos a su semejanza, mas no con su poder ni su sabiduría, sabe que en su pueblo hay todo tipo de corazones. Por tanto, Dios es consciente de lo que harán sus hijos y de que pueden crear su propio exterminio.

Los poderes del Apocalipsis es una obra que actualiza la concepción del mensaje del último de los libros que conforman el Nuevo Testamento de la Biblia, el libro sagrado.

La diversidad cultural, los valores y los antivalores han conformado una vasta diversidad de modus vivendi dentro de los sectores de la sociedad actual. Hoy somos tantos los moradores de este planeta que la inventiva y la asociación son parte indispensable para hacer de la blasfemia y del pecado dos elementos muy utilizados y difundidos como cultura social de moda con «muy buenos resultados».

La blasfemia hoy es nombrada de manera más elegante en los países con gobiernos democráticos o, en su defecto, con gobernanza neoliberal: se le llama «libertad de expresión». Y como, sin duda alguna, ustedes han padecido esas libertades de expresión, habrán constatado que se ha extinguido el respeto y que prolifera la destrucción tanto en lo edificado como en la integridad física y la dignidad humana, lo cual afecta también a los mismos gobernantes de las naciones.

La blasfemia no tiene límites para quienes la profesan. ¡Ya es una cultura para buena parte de la sociedad! Puesto que la edad no es impedimento, en una familia de padres consentidores, los hijos regresan en agravios toda la inconciencia de los progenitores que no adoptaron la palabra de Dios. Estos padres padecerán en su edad mayor toda la consecuencia de la falta del temor de Dios, por lo que vivirán su propio final en miseria y abandono.

En la actualidad, la blasfemia es practicada hasta por el más erudito que ayer fuera glorificado y aplaudido. Mas hoy, cuando sus intereses han sido señalados para revisión, su defensa es victimizarse y blasfemar. Con esto anuncia que no está limpio de pecado, porque, si lo estuviera, aceptaría todo juicio con dignidad.

El pecado de los impíos es para algunos un exquisito manjar, mientras que para otros es regocijo y libertad. No desconocemos que las actitudes y conductas pecaminosas vienen desde mucho antes de la era cristiana, cuando las aberraciones y los sacrificios más atroces eran vistos como eventos de placer. Hoy en día, la creatividad unida a la tecnología, a la falta de consciencia y a la vileza nos sorprende y asusta por su falta de humanismo.

La sociedad benevolente confía en sus líderes, y más aún en los clérigos, representantes de Dios que profesan los mandamientos del creador mediante una doctrina de la prohibición del pecado y que realizan ceremonias para arraigar tales preceptos en el pueblo noble. No olvidemos que la Iglesia fue la promotora de la Santa Inquisición en tiempos medievales.

Los poderes del Apocalipsis describe las aptitudes y actitudes de una pequeña parte de la población mundial que se coloca en la cima del estatus político y económico: las **élites**. En este segmento se establecen de manera vinculante las personas más acaudaladas e influyentes, quienes dirigen el orden mundial. Y así como tienen dinero, también tienen ambiciosos proyectos en sus mentes. Por consiguiente, dar comienzo a una iniciativa no representa ninguna complicación, ya que su dinero pagará cualquier acción necesaria en pro de los avances del proyecto en cuestión.

El tercer milenio representa la época en la que «la humanidad» conquistará el universo. Su colonización empezará en Marte, el planeta rojo. Hoy, en pleno año 2022, se habla incluso de paseos turísticos (*tours*) al espacio. Aquí la nota:

El multimillonario británico sir Richard Branson cumplió la ambición de toda una vida al volar a las puertas del espacio

---

El avión cohete Unity despegó desde Nuevo México, en Estados Unidos, para pasar un momento de ingravidez fuera de la Tierra. Poco después de una hora, regresó de manera segura a la superficie del planeta.

La misión del dueño de Virgin Group es clara: evaluar la experiencia para abrir estos viajes al público e impulsar la incipiente industria del turismo espacial.

El viaje lo convirtió en el primero de los nuevos pioneros del turismo espacial probando sus propias naves, superando a Jeff Bezos, de Amazon, y Elon Musk, de SpaceX.

Musk viajo a Nuevo México para darle su apoyo a su amigo, y Bezos envió sus felicitaciones a través de un post en Instagram.

En una conferencia después del aterrizaje, Branson, de 70 años, catalogo el vuelo como «la experiencia de su vida» (BBC News Mundo, 2021).

Reciente estudio afirma que «El fin del mundo» está mucho más cerca de lo que se cree y explica las causas que lo provocarían

---

El fin del mundo es un tema que se ha debatido constantemente, no solo en determinar cómo se llevará a cabo el fin de la especie humana, sino en cuándo ocurrirá y que tan cerca o más lejos estamos de ese momento.

Varios estudios científicos y cosmológicos ancestrales de antiguas civilizaciones como los mayas han tratado de analizar el momento en que se llevará a cabo el fin del mundo, algunos han fallado, como el caso en que se vaticinó el fin de los tiempos en el año 2000 y 2012.

Sin embargo, un estudio reciente de la Universidad de Princeton en Estados Unidos y que fue publicado en la revista *Proceedings of the National Academy of Sciences* asegura que el fin del mundo está mucho más cerca de lo que se imagina.

Dicho estudio hace hincapié a la expansión del universo debido a la teoría de «la explosión del Bing Bang» y los expertos estiman que el fin de esta «expansión» supondría el fin del mundo.

De acuerdo con la Universidad de Princeton, la expansión terminaría en 65 millones de años y aunque puede parecer mucho tiempo, los expertos aseguran que es un lapso de tiempo «sorprendentemente corto» con relación a la duración del propio universo.

Paul Steinhardt, coautor de esa teoría y director del Centro de Ciencias Teóricas en la Universidad de Princeton, afirmó que es una conclusión bastante lógica. «Este nuevo escenario concuerda naturalmente con las teorías recientes de la cosmología cíclica y las conjeturas sobre la gravedad cuántica», afirma.

Otro de los cuestionamientos es acerca de cómo se llevará a cabo el fin del mundo, y aunque se tenga la popular teoría de que se tratará de un evento visualmente espectacular, los expertos aseguran que se tratará más de una especie de «apagón progresivo y pausado».

Por ejemplo, El físico Matt Caplan, de la Universidad de Illinois, afirmó que este «apagón» se llevará a cabo debido a los desechos estelares que producen las estrellas denominadas «enanas negras».

Esto provocará que las estrellas poco a poco desaparezcan, las galaxias empezarán a oscurecerse e incluso los astros más peligrosos, como los agujeros negros, perderán fuerza y comenzarán a evaporarse.

«Si realmente sucede, este espectáculo no podrá tener espectadores de todos modos. Ya que el efecto de la expansión del universo, las galaxias y los remanentes de las estrellas estarán tan separados que estas explosiones ocurrirán en total soledad», afirma Caplan (Arellano, 2022b).

Científico afirma que la humanidad está «en peligro de extinción» y explica cómo sería ese fin

«Los Humanos están Condenados a Extinguirse» es el título que lleva el artículo del biólogo Henry Gee y que, ha aumentado la inquietud en la comunidad científica y expertos. Principalmente por la premisa de que la extinción de la raza humana está más cerca de lo que se imagina.

Actualmente el planeta y sus habitantes acarrean varios problemas que son tomados como advertencias sobre un futuro con consecuencias negativas para la prosperidad de la especie.

Algunos problemas van desde los ambientales, pasando por una desigualdad cada vez mayor y la falta de oportunidades.

Sin embargo, para Henry Gee, existen muchos problemas que vive el ser humano actualmente que provocarían su extinción o, por lo menos, habrá una reducción bastante considerable de sus habitantes.

Su artículo, publicado en la revista *Scientific American*, hace mención a épocas pasadas, comparándolas con los tiempos que se viven actualmente.

En esta comparativa, el experto explica que actualmente hay una degradación del hábitat, baja en la variación genética y disminución de la fertilidad que están situando al homo sapiens en un punto de colapso.

El científico explica que, aunque la población actual ha crecido mucho, para el año 2100 ésta podría disminuir drásticamente hasta llegar, incluso, hasta la mitad de la cantidad actual.

Gee lo atribuye a la falta de variación genética y hace énfasis en cómo el homo sapiens, que ha existido durante aproximadamente 315 mil años, estuvo cerca de la extinción en varias ocasiones debido a que como especie es «extraordinariamente similar».

«Hay más variación genética en un grupo de chimpancés salvajes que en toda la población humana», dice el experto, quien sostiene que esa falta de variación genética no es buena para la supervivencia de las especies.

Otro factor que menciona Gee es la disminución en la calidad del esperma humano, provocando tasas muy bajas de natalidad actualmente, sin conocerse la «verdadera razón» que provocaría este fenómeno.

«No existe una razón que explique esto. La contaminación (un subproducto de la degradación humana del medio ambiente) es un posible factor. Otro podría ser el estrés, que, según sugiero, podría desencadenarse por vivir en estrecha proximidad con otras personas durante un largo período», comenta.

Otro factor es que, hay una tendencia a tener menos hijos o concebirlos más tarde, situación que haría más probable que la población se reduzca.

Gee también explica que las tasas de natalidad están por debajo de las de mortalidad, significando una reducción inevitable de la especie.

«Uno de los resultados podría ser que la gente está posponiendo la maternidad, tal vez hasta el punto de que su propia fertilidad comienza a disminuir», dice el experto.

El científico también hace alusión a los constantes problemas económicos que sufren los seres humanos, en donde se ha notado una disminución o «estancamiento» en la producción de bienes que permitan una vida «plena y desarrollada», comparado con décadas anteriores.

Otro punto a considerar es el «secuestro» de los recursos naturales que ha explotado el ser humano como lo afirma el autor. No solo significa un riesgo para las otras especies que conviven con él, sino en una subsecuente falta de recursos que evitará un desarrollo propio de las personas.

Gee menciona un concepto llamado «la deuda de la extinción», donde comenta que no importa el desarrollo de alguna especie o sus condiciones, llegará un momento en la historia en que su desaparición será inminente, independientemente de las acciones que tome dicha especie para frenarlo.

«Las señales ya están ahí para quienes estén dispuestos a verlas. Sospecho que la población humana está abocada no sólo a la reducción, sino al colapso, y pronto», finaliza el autor (Arellano, 2022a)

La misteriosa profecía de los Papas

Hace más de 800 años existió un arzobispo irlandés que tuvo una visión mística al llegar por primera vez a Roma.

En medio del éxtasis, sus manos empezaron a escribir automáticamente y en latín, una lista de 112 nombres. Los 112 papas que surgirían a partir del año 1,139 antes del final de los tiempos.

Este documento estuvo guardado por más de 400 años en la Biblioteca Vaticana, hasta que en 1595 fue sacado a la luz.

¿Profecía o coincidencia?

Analizando con lupa la Profecía de los Papas, podemos encontrar varios aciertos en la visión futura de San Malaquías.

Por ejemplo, el papa número 102 lo describe como *lumen in cielo*, es decir, «luz en el cielo», es decir, un cometa o una estrella fugaz.

El papa León XIII: corresponde al papa número 102, y en su escudo de armas eclesiástico se ve, claramente, un cometa o estrella fugaz.

Al papa número 104 lo describió como *religio depopulata*, o «religión despoblada» o carente de personas. Este coincide con el papa Benedicto XV, quien tuvo que asumir el pontificado durante la Primera Guerra Mundial, un hecho que dejó más de 10 millones de muertos.

Pablo VI, por su parte, fue profetizado como *flos florum* o «flor de flores» y efectivamente, el símbolo que representa su escudo de armas es la flor de lis, conocida como «la flor de flores».

Los últimos papas también muestran coincidencia con las profecías de Malaquías: Juan Pablo II fue descrito como *De labore solis*, «del trabajo del sol». Efectivamente, su nacimiento y su muerte se dieron durante atípicos eclipses solares.

El papa número 111 fue descrito por San Malaquías como *Gloria Olivæ*, o «la gloria del olivo». Cuando asumió el papado, Joseph Ratiznger eligió como nombre Benedicto XVI, en honor a los benedictinos. Los benedictinos se conocen popularmente por ser «la orden del olivo».

El número 112, el último papa

El último papa, antes del final de los tiempos es *Petrus Romanus*, o «Pedro el Romano», un italiano. Si bien Jorge Mario Bergoglio no tomó el nombre «Pedro», sí es italiano, como sus dos padres.

El momento histórico en que llegaría Petrus Romanus también es un acierto de Malaquías según los estudios del teórico jesuita René Thibaut, quien vivió obsesionado con esta profecía hasta su muerte.

A través de cálculos, Thibaut afirmó en su libro *La mystérieuse prophétie des papes* que el papa número 112 llegaría en el año 2012.

Esto hubiera sido imposible de no haber sido por la sorpresiva renuncia de Benedicto XVI decisión que se hizo pública en febrero de 2013, pero que realmente como se revelaría después, tomó ante las autoridades del Vaticano oficialmente en marzo de 2012, después de su viaje a Cuba y México.

Petrus Romanus y el final de los tiempos

Según lo que profetizó Malaquías hace más de 800 años, Pedro el Romano, «apacentará a su rebaño entre muchas tribulaciones; tras lo cual, la ciudad de las siete colinas (Roma) será destruida y el tremendo Juez juzgará a su pueblo. Fin».

Sobre el rol del papa al final de los tiempos se han escrito muchas cosas. Está, por ejemplo, la profecía atribuida a San

Francisco de Asís (de quien el papa tomó su nombre) antes de morir, en el año 1226:

«En el momento de esta tribulación (el Apocalipsis) un hombre, elegido no canónicamente, se elevará al pontificado, y con engaños se esforzará por llevar a muchos al error y a la muerte, pues en aquellos días Nuestro Señor Jesucristo no les enviará a éstos un verdadero Pastor, sino un destructor».

La elección «no canónica» o ilegítima del papa Francisco es un tema que sacó a la luz el periodista italiano Antonio Socci. Según su libro *Non é Francesco,* hubo varias violaciones a la constitución apostólica durante su elección.

El papa del pueblo

Nadie puede negar que Francisco es el papa del pueblo.

Su llegada ha refrescado la imagen de la iglesia y ha restablecido la confianza de los católicos y no católicos a través de su discurso de humildad y entrega, además de la aparente coherencia en su estilo de vida.

Su personalidad e imagen tienen la tarea de quitar el foco mediático de los escándalos de corrupción y pedofilia que hunden a la institución.

A todos los países donde ha viajado, lo reciben como una estrella de rock. Su carisma y actitud revolucionaria le han permitido modernizar posturas de la iglesia, retrógradas y excluyentes frente a temas actuales como el divorcio y los derechos de los homosexuales.

Este pensamiento progresista es además de un acierto, una necesidad para que la iglesia católica mantenga su relevancia en esta época.

El cariño y la credibilidad que se ha ganado el papa Francisco confieren a la iglesia, mayor poder, en un ámbito en el que lo venía perdiendo paulatinamente.

El papa del nuevo orden mundial

Si es cierto que existe un plan orquestado por la elite mundial para crear un nuevo orden mundial, este se vería beneficiado enormemente por la influencia de alguien como el papa Francisco.

El tema del cambio climático, maquillado detrás de una solidaria y honesta causa pro planeta, es una excusa perfecta para establecer, poco a poco, un gobierno mundial.

¿Cómo? A través de leyes y tratados supranacionales que en este caso pueden ser «por una buena causa», pero que más adelante pueden tener fines más maquiavélicos.

No se trata de ninguna conspiración secreta. La creación de un gobierno mundial, es algo que; el mismo papa ha pedido sin rodeos ante los medios de comunicación.

La unión del mundo en una única religión es otro de los objetivos del Nuevo Orden Mundial. En este sentido, el papa Francisco con su apuesta por el diálogo interreligioso, se alinea perfectamente al plan.

¿Falso profeta?

En el Libro del Apocalipsis se habla de la llegada del Falso Profeta. Esta figura está descrita por los estudiosos de la Biblia, como un líder religioso con propósitos oscuros que llegaría a engañar y allanaría el camino al Anticristo antes de la segunda venida de Cristo a la tierra.

Además de esto, el falso profeta, con el propósito de unir a la humanidad entorno a «La Bestia» y su marca, confundirá a los creyentes, haciéndolos negar a Jesús y a las escrituras sagradas.

Es por eso que cuando el papa Francisco hace cosas como mezclar la historia del Génesis con la teoría darwiniana o, decir en su primer discurso público en Nueva York que, la vida de Jesús termino con el fracaso de la cruz, alimenta las teorías y profecías que existen alrededor de su cargo como líder supremo del catolicismo.

Estos y muchos otros ejemplos crean en la mente de quienes se consideran católicos algo llamado disonancia cognitiva. Es decir, la convivencia paradójica de dos ideas contrarias: por un lado, Francisco parece un buen hombre, un líder carismático y honesto, un papa necesario.

Pero, por otro lado, parece ir en contra de lo que en teoría representa y de las enseñanzas que su religión ha divulgado por siglos.

Por eso, más allá de creer o no creer que el papa cumple con las teorías del final de los tiempos o con un plan orquestado por unos cuantos a la sombra, deberíamos analizar la figura de Francisco como una de las mayores rupturas en la iglesia.

No por su postura liberal y progresista, que es perfectamente válida y loable. Sino por el poder que tiene de cambiar los pilares de la religión a la que supuestamente representa, entre sonrisas, discursos carismáticos y selfis (Amelia F, 2017)

Una Interpretación Católica

Hermanos y amigos, debemos leer bien la Biblia y no interpretarla a nuestro gusto. La Sagrada Escritura no es un libro para meter miedo, y menos aún para calumniar a personas inocentes con falsas interpretaciones bíblicas. Es un pecado muy grave contra la Ley de Dios: «No des falso testimonio contra tu prójimo» (Ex. 20, 16). ¿No dijo el apóstol Pedro que debemos ser prudentes con nuestras interpretaciones bíblicas?: «Ninguna profecía de la Escritura es algo que cada cual pueda interpretar por sí solo» (2 Pedro 1, 20). Así que nadie por falta de comprensión diga infundados con la Biblia en la mano.

En esta carta les voy a hablar del número 666, del sello (o marca) de la Bestia. En otras oportunidades les he hablado del «fin de los tiempos» y del «anticristo». Conviene que lean primeramente con atención esas cartas anteriores para comprender mejor la reflexión de hoy.

Tomen la Biblia y mediten con atención los textos bíblicos que les voy a citar. No les quiero hablar con mentiras ni menos con verdades a medias. Solamente queremos buscar la verdad acerca de Dios y los hombres y es esa verdad la que nos hará libres (Jn. 8, 32).

1. El Número 666

¿En qué libro de la Biblia aparece eso del sello?

Este texto aparece en Apocalipsis 13, 15-18. Es un texto muy misterioso y difícil de comprender. Por eso antes de explicar esta cita bíblica les debo decir algo acerca del libro del Apocalipsis en general, si no, nunca vamos a comprender lo que el sagrado escritor quiso decir a fondo.

¿Cómo debemos entender el libro del Apocalipsis?

Este libro fue escrito más o menos en el año 100 después de Jesucristo. Eran tiempos difíciles para los cristianos porque el imperio romano perseguía a todos los creyentes. Los cristianos vivían casi escondidos y no podían hablar en público. Menos podían escribir y publicar sus cartas.

Por eso el autor del libro Apocalipsis, para animar a los creyentes, publicó su escrito clandestinamente y usó una manera de escribir muy misteriosa, con signos e imágenes que solamente los entendidos podían comprender. Esta forma de escribir se llamaba «el estilo apocalíptico» (de revelaciones). Era una forma de escribir muy común en aquella época. Con llamativas imágenes y grandiosas visiones ficticias, el sagrado escritor quiere explicar «los últimos tiempos» que es «la lucha del poder político romano contra los elegidos de Dios» (la Iglesia de Cristo). Muchos signos, símbolos y cifras en forma muy sofisticada son como un juego para que los lectores entendidos puedan reconocer su propia realidad e identificar personajes u acontecimientos de aquel tiempo.

2. El gran mensaje

El gran mensaje de fondo del Apocalipsis es el siguiente: Cristo resucitado es el centro de la historia; el mundo ahora es el escenario de la lucha entre la Iglesia, encabezada por Cristo, y las fuerzas del demonio. Los cristianos son llamados a dar un valiente testimonio. Este escrito no es un libro para asustar, ni es un libro terrorífico, sino que se trata de un libro de gran esperanza.

Hermanos, cuando leemos este libro debemos siempre buscar este sentido profundo y no debemos tomar al pie de la letra las imágenes, los signos, o los símbolos. Son visiones e imágenes inventadas por el escritor para entregar un mensaje muy profundo.

¿Qué dice el texto de Apocalipsis 13, 16-18?

Leemos: «La bestia ha logrado, asimismo, que, a todos, grandes y pequeños, ricos y pobres, libres y esclavos, se les ponga una marca en la mano derecha o en la frente; y nadie podrá comprar ni vender si no está marcado con el nombre de la bestia o con la cifra de su nombre. Aquí verán quién es sabio. Si ustedes son entendidos, interpreten la cifra de la bestia. Se trata de un hombre y su cifra es 666».

Hermanos, la primera lectura de este texto nos parece muy extraña, es muy difícil comprender este texto tal como está. Pero debemos ver estos versículos en todo su contexto.

3. El significado

¿En qué contexto aparece este texto?

Este texto es una parte de una gran visión en el cielo que nos narra Juan en los capítulos 12 y 13 de su libro. Es la gran visión de la batalla de la mujer contra el dragón y las dos bestias. Encontramos aquí muchos símbolos, signos que se refieren a personajes y acontecimientos de aquel tiempo.

Esta visión de Juan, trata de la batalla final contra Satanás. Se presentan las dos tropas que van a pelear: por un lado, la mujer (= el pueblo de Dios) y, por el otro, el dragón (=Satanás) con sus dos aliados en la tierra: una bestia que viene del mar (que representa el poder político romano, que persigue a los cristianos) y otra bestia que viene de la tierra (que representa las falsas religiones que competían con el cristianismo). Como hemos dicho, son todas imágenes fantásticas y visiones ficticias que se refieren a hechos concretos de aquel tiempo. La segunda bestia (la de las falsas religiones) es la que está marcada con el 666 (Apoc. 13, 11).

Este texto nos hace ver que esta segunda bestia se parece al Cordero, pero hablaba como el dragón (=el monstruo, el demonio). Es la figura de las falsas religiones que competían con el cristianismo. Falsas religiones que ofrecían una religión celestial, pero que no condenaban los pecados de la primera bestia (=los pecados del mundo romano y su corrupción), vers. 11: «Esta bestia hablaba con el monstruo». Esto es muy importante: quiere decir que son falsas las religiones que tienen a Jesús en la boca, pero callan sistemáticamente la injusticia y predican la resignación al mal y la sumisión al poder terrenal. En todos los tiempos y sobre todo en los sistemas dictatoriales, ha habido personas que «han hablado con el monstruo». Es decir, que han buscado halagarlo y aplaudirlo sin importarles los crímenes cometidos por él. Eso se ha dado también en Chile tanto de parte de católicos como de evangélicos. ¡Qué responsabilidad tan grande la de quienes en lugar de ser luz por denunciar abusos y atropellos vendieron su conciencia por un plato de lentejas! Este es el sentido apocalíptico de «hablar con la bestia» y la tentación del cristiano de todos los tiempos.

4. El servilismo religioso

Vers. 14: «Aconseja que hagan una estatua de la primera bestia». Quiere decir que estas falsas religiones se hacen servidoras de la primera bestia (del poder político romano). Son religiones oportunistas que se hacen servidoras de los señores del mundo, predican la sumisión religiosa a las autoridades sin condenar el mal que producen muchos sistemas políticos y económicos. Ellas convierten, sin darse cuenta, el poder político en un falso dios (=estatua, o ídolo de barro).

Vers.17: Este falso dios puede proteger y condenar a quien quiera, puede dar pan y vender a quien tiene el sello, a quienes son aliados suyos. A esto se refiere la marca: son los aliados de los poderosos de este mundo, y los no-aliados (los que no tienen la marca o el sello) no pueden comprar ni vender (También nosotros lo vivimos muy de cerca).

Vers. 18: «La cifra de esta segunda bestia es 666». En muchos escritos de aquel tiempo era común dar una cifra a cada letra del alfabeto y se lograba así escribir con cifras los nombres de algunos personajes. Era como un juego que el lector tenía que descifrar.

5. ¿Cómo descifrar el enigma?

La cifra 666 se puede calcular de varias maneras, pero corresponde, sin duda, a algún emperador romano, posiblemente a Nerón que con sus locuras mataba a los cristianos que eran para él igual que perros.

La forma más aceptada de interpretar el 666 es la siguiente: La cifra 7 es el símbolo de la perfección (representa en lenguaje actual al alumno que se sacó un 10).

La cifra 6 es el signo de lo imperfecto, representa al que trató de ser 7 y no alcanzó a serlo. El 7-1=6 es el imperfecto, es el malo. La cifra 3 significa la plenitud. Ahora bien 3 veces 6 es la plenitud de lo imperfecto, es la plenitud de lo malo. En este caso le vendría perfectamente a Nerón.

Nos damos cuenta de que este dato de 666 debió ser tomado como *puzzle* para buscar al hombre perverso de aquel tiempo.

Ahora bien, hermanos, es una locura, como lo hacen algunos contrarios a los católicos, aplicar a la fuerza esta cifra al Papa, como si Pedro, el primer Papa de la Iglesia de Cristo, y sus legítimos sucesores debieran identificarse con el emperador romano que mataba a los cristianos. Estas fantasías de los anticatólicos no tienen nada que ver con la Biblia. Hay mucho más que podría escribir acerca de este tema, pero creo que esto es suficiente para comprender estos textos en su verdadero sentido.

Es muy doloroso ver que algunos señalan con el dedo al Papa -una persona tan bien intencionada entre nosotros- y le dan el título de «el demonio» o «la bestia». Siempre ha existido esta maldad, que es producto de la ignorancia atrevida. No olvidemos que cuando Jesús expulsaba a los demonios y hacía el bien a todos, los mismos fariseos (gente muy religiosa de aquel tiempo) lo acusaban como el hombre poseído por Belcebú, el jefe de los demonios (Mc. 3, 22).

Cuesta, pero es así que debemos practicar las palabras de Jesús desde la cruz: «Padre, perdónales, que no saben lo que hacen» (No saben lo que dicen).

Pero, si al Maestro lo calumniaron así, ¿qué les tocará a sus seguidores? «Todo el mundo los va odiar (a) ustedes por mi causa: pero el que siga firme hasta el fin este será salvado» (Mt. 10, 22). «Ningún discípulo es más que su Maestro» (Mt. 10, 24).

Para terminar, una última palabra para aquellos que usan la ignorancia de gente de buena voluntad para meterles cosas raras y tonterías en la cabeza y así condenar y calumniar a medio mundo. «Cualquiera que hace caer en pecado a uno de estos más pequeños que creen en mí, mejor le fuera ser hundido en lo profundo del mar con una piedra de molino amarrada al cuello. ¡Qué malo es para el mundo que haya cosas que hacen pecar al hombre! Siempre habrá escándalos, pero pobre del hombre que sea causa de ellos» (Mt. 18, 6-7).

6. ¿Cuál debe ser nuestra actitud frente a las sectas?

Ante el embate de las sectas corremos el peligro de reaccionar bruscamente y con poca caridad. Ciertamente hay que enfrentar el problema pero en forma positiva.

1) No hemos de usar nunca el ataque directo y exaltado porque esto iría contra el gran mandamiento del amor fraterno.
2) Para el cristiano, el mejor camino será siempre presentar la verdad con amor e invitar a seguir el verdadero camino de Cristo.
3) Usar un sano discernimiento, rechazando lo malo que vemos en ellos y aprovechando lo que es bueno y valioso para integrarlo y vivirlo en nuestros grupos.
4) Presentar claramente los peligros de las sectas que son muchos: —Las sectas manipulan la Palabra de Dios al interpretarla literalmente y al servicio de sus propios intereses. —No aceptan

la libertad de decisión religiosa de las personas y alienan con presión moral y con métodos de coacción. —Caen en el subjetivismo y se dejan arrastrar irreflexivamente por un gran culto a la persona del líder. —Confunden la emoción con el ser buenos cristianos y no son críticos ante la Biblia, ni ante la política y la sociedad.

5) Hemos de tratar de ser cada vez mejores católicos evitando los defectos en la forma de vivir nuestra religión y cambiando todo aquello que anda mal.
6) A los católicos y cristianos en general nos corresponde conocer y vivir mejor la doctrina cristiana. Hemos de activar nuestros grupos y formar más comunidades fraternas y responsables que sean más bíblicas y apostólicas.
7) Todo católico ha de permanecer firme en las filas de la Iglesia Católica, ya que solamente por medio de la Iglesia Católica podemos alcanzar la plenitud de los medios de salvación.
8) Es fácil constatar cómo las sectas atacan a la Iglesia Católica. Nosotros, siguiendo la Ley de Cristo, tratemos de devolver bien por mal y bendición por maldición. Busquemos lo que nos une y no lo que nos separa. Que nunca salga de nuestros labios una ofensa o un insulto hacia los que no creen como nosotros. Tenemos que orar al Padre de los cielos para que, llevados de su Santo Espíritu, se restablezca en la Iglesia la unidad perdida (Dierckx & Jordá, 2022).

Papa: es sabio pensar en el final, será un encuentro de misericordia con Dios

En su homilía de la misa matutina celebrada en la Casa Santa Marta, el Papa Francisco habló de nuestro fin y del fin del mundo, la «mies» del libro del Apocalipsis. «¿Cómo será mi fin? ¿Cómo me gustaría que el Señor me encontrara cuando me llame? Pensar en esto es sabio y nos ayuda a continuar, hasta el encuentro con Dios, un momento de rendir cuentas, pero también de alegría», dijo el Pontífice.

«¿Cómo será mi fin? ¿Cómo me gustaría que el Señor me encontrara cuando me llame? Es prudente pensar en el final, nos ayuda a avanzar, a hacer un examen de conciencia sobre qué cosas debo corregir y cuáles llevar adelante porque son buenas». Con estas palabras el Papa Francisco dedica su homilía matutina, en Casa Santa Marta, a profundizar sobre el fin del mundo y de la propia vida, ya que en esta última semana del año litúrgico la Iglesia nos hace reflexionar sobre esto, y «es una gracia» —dijo el Santo Padre— «porque no nos gusta pensar en el fin, siempre posponemos este pensamiento para mañana».

El fin del mundo como la «mies madura»

En la primera lectura, del Apocalipsis, San Juan habla del fin del mundo «con la figura de la mies, con Cristo y un ángel armado con una hoz. Cuando llegue nuestra hora, deberemos mostrar la calidad de nuestro trigo, la calidad de nuestras vidas», afirmó el Pontífice. «Tal vez algunos de ustedes digan: padre, no sea tan sombrío, que no nos gustan estas cosas...pero es la verdad», subrayó Francisco haciendo hincapié en la importancia de pensar en este momento y prepararnos para vivirlo de la mejor manera posible.

«Es en la mies, donde cada uno de nosotros se encontrará con el Señor. Será un encuentro y cada uno le dirá al Señor: "Esta es mi vida. Este es mi trigo. Esta es mi calidad de vida. ¿Me he equivocado?". Todos deberemos decir esto, porque todos cometemos errores. También diremos "he hecho cosas buenas" porque todos hacemos cosas buenas; y así haremos para mostrar al Señor el grano», puntualizó Francisco.

Pensar en el final nos ayuda a seguir adelante

«Qué diría yo —se pregunta una vez más el Obispo de Roma— si hoy el Señor me llamara». «Ah, no me di cuenta, estaba distraído... No sabemos ni el día ni la hora». Y unos podrían decir: «pero padre, no hable así que soy joven... pero, mira cuántos jóvenes se van, cuántos jóvenes son llamados... nadie tiene una vida asegurada. Lo que sí es seguro es que todos tendremos un final. ¿Cuándo será eso? Sólo Dios lo sabe».

«Nos hará bien esta semana pensar en el final. Si el Señor me llamara hoy, ¿qué haría? ¿Qué le diría? El pensamiento del fin nos ayuda a avanzar; no es un pensamiento estático: es un pensamiento que avanza porque es llevado adelante por la virtud, por la esperanza. Sí, habrá un fin, pero ese fin será un encuentro: un encuentro con el Señor. Es verdad, será un "rendir cuentas" de lo que he hecho, pero también será un encuentro de misericordia, de alegría, de felicidad. Pensar en el fin, el fin de la creación, el fin de la propia vida, es sabiduría; el sabio lo hace», afirmó el Papa.

No me quedaré aquí para siempre: ¿cómo me gustaría terminar?

«Por ello —añadió el Santo Padre— esta semana la Iglesia nos invita a preguntarnos "¿cómo será mi fin? ¿Cómo me gustaría que el Señor me encontrara cuando me llame? Tengo que hacer un examen de conciencia y evaluar. ¿Qué cosas debo corregir, porque no están bien? ¿Qué cosas debo reforzar y continuar porque son buenas?". Cada uno de nosotros tiene muchas cosas buenas Y en este pensamiento no estamos solos: ahí está el Espíritu Santo que nos ayuda», explicó Francisco.

«Esta semana le pedimos al Espíritu Santo la sabiduría del tiempo, la sabiduría del fin, la sabiduría de la resurrección, la sabiduría del encuentro eterno con Jesús; para hacernos entender esta sabiduría que está en nuestra fe. El encuentro con Jesús será un día de alegría. Oremos para que el Señor nos prepare. Y cada uno de nosotros, debe terminar la semana pensando en el final: Yo tendré un final. No me quedaré para siempre... ¿Cómo me gustaría terminar?», concluyó (Di Bussolo, 2018).

«Y se maravilló toda la tierra» con el Papa

Un análisis más profundo sobre el significado de lo que representa la institución comandada por el Papa en las profecías.

En Apocalipsis 13 encontramos dos bestias. La primera emerge del mar (versículo 1) y la segunda emerge de la Tierra (versículo 11). Una surge donde hay multitudes y la otra se levanta donde la población es dispersa. La profecía bíblica fue escrita en símbolos y existen algunas razones para eso: (1) Para que los perseguidores no destruyesen el mensaje profético (2) Los símbolos sirven de desafío al lector y despierta el interés en descubrir el contenido (3) El mensaje profético codifica la verdad creando un misterio que lleva a las personas a una profunda reflexión (4) Dios desea que su pueblo se una para comprender Su mensaje.

Bestia es uno de los símbolos más importantes y, para la comprensión del libro de Apocalipsis, es fundamental.

La solución de lo que significa, viene de otro libro profético de la Biblia: Daniel. En el versículo 3 del capítulo 7 la Biblia aclara que una bestia es un poder o reino que se levanta contra Dios y sus verdades. Es un poder antagónico a la verdad y que usa la mentira para engañar a las personas.

Los versículos de Apocalipsis 13 avanzan con diversos simbolismos, como: 10 cuernos, siete cabezas, diademas o nombres de blasfemia. Todos ellos relacionados con la bestia que sube del mar y que presentan características que llevan al lector a comprender quién es la bestia que sube del mar.

Todas las características de la primera bestia apuntan a un poder religioso, que es el mismo poder que aparece en Daniel 7:25. La interpretación es la misma para los dos símbolos. Por ejemplo, el libro de Apocalipsis dice que sobre las cabezas de la primera bestia existen nombres de blasfemia. La palabra blasfemia, en griego, significa «difamación» cuando es dirigida a seres humanos y «discurso impío» cuando está dirigida a Dios. Esos nombres representan los títulos blasfemos que la bestia asume por «pensar en cambiar los tiempos y la ley» como lo presenta el profeta Daniel.

La descripción de la bestia dice que ella «era semejante a un leopardo, y sus pies como de oso, y su boca como de león» (Apocalipsis 13:2). Los animales hacen alusión al simbolismo de Daniel 7, lo que confirma la relación entre los dos poderes opositores. La bestia de Apocalipsis posee características prominentes de Babilonia, Persia y Grecia. Juan menciona los animales en el orden contrario al que aparecen en Daniel por su perspectiva histórica y no futurística como en el caso de Daniel.

Por detrás de todo eso siempre estuvo la mano del dragón que, después de intentar destruir a la iglesia cristiana a través de la persecución, cambió su estrategia porque no estaba consiguiendo su objetivo. Aún bajo intensos sufrimientos por la fe, los cristianos continuaban creciendo. Por eso, Satanás creó un sistema religioso con la apariencia de verdad, pero con todos los elementos de la falsedad. Por detrás de una organización supuestamente cristiana sería más fácil difundir la mentira que por un sistema declaradamente pagano.

Herida mortal curada

Una de las cabezas de la bestia sufre un golpe de muerte (Apocalipsis 13:3), pero, según la Biblia, «su herida mortal fue sanada». Esa profecía fue cumplida el 20 de febrero de 1798, cuando el general Berthier, bajo el mando de Napoleón Bonaparte, invadió Roma y declaró el fin del dominio político del papado con la captura del Papa Pío VI, finalizando así temporariamente la supremacía de la Iglesia.

Pero el 11 de febrero de 1929 fue la firma del Tratado de Letrán por Benito Mussolini y el cardenal Pietro Gasparri, que restauró los poderes temporales del Papado. Desde entonces, el Papado trabaja para reconstruir su fuerza política de otros tiempos. Después de eso es que la profecía bíblica dice que «se maravilló toda la tierra».

El mundo quedó sorprendido por cómo el poder papal volvió a vivir y se sorprendió, también, por las cuestiones sociales, culturales, ambientales, políticas y morales que el Papado discute. El mundo está maravillado en ver esa institución adaptar su discurso para alcanzar a las personas con carisma, simpatía y afecto.

Después de todo el calor de la visita del líder máximo de la Iglesia Católica a los Estados Unidos, *Life Way Research* publicó una encuesta a más de 1.000 pastores de iglesias y detectó algunos datos interesantes que refuerzan el cambio en la visión de lo que representa el líder máximo del catolicismo romano.

- Casi 4 de cada 10 dicen que el papa, conocido por su humildad y preocupación por los pobres, ha tenido un impacto positivo sobre sus opiniones respecto de la Iglesia Católica.
- Casi dos tercios ven al Papa Francisco como un cristiano genuino y «hermano en Cristo».
- La mitad de los pastores protestantes valoran la opinión del Papa Francisco en cuestiones teológicas.

Lejos del protestantismo de algunos siglos, para muchos líderes de hoy el papa pasó de «anticristo» a «hermano en Cristo». Eso sorprendentemente confirma la profecía cuando dice que el «mundo entero, fascinado, iba tras la bestia» (NVI).

Mientras el mundo aplaude al Papado, mi invitación es a que sus ojos se dirijan a la Biblia, la Palabra de Dios, y en ella procure encontrar la revelación de la verdad que es atemporal y universal (Rossi, 2015).

Filosofía y Apocalipsis

Si bien este asombroso texto bíblico es una narración sobre los últimos tiempos, esto no solamente significa que describe cómo terminará la historia. En su contexto, la idea de «último» se refiere no únicamente al final, sino al sentido de plenitud que tienen las cosas y acontecimientos que hoy pueden resultar incomprensibles. El Apocalipsis no solamente trata de lo «último» en tanto término, sino del «cumplimiento» de sentido de todos los llamados que los hombres hemos escuchado a lo largo de nuestra vida.

La filosofía tiene un papel importante y protagónico en todo esto, pues es ella una preparación para la escucha del llamado que cada individuo tiene respecto de sí mismo, del significado de su nombre, del destino de su vida.

Más allá del modo como se lea el Apocalipsis, si desde la mirada de la fe o desde la mirada de la antropología, nos ayuda a advertir que hay acontecimientos que parecen no tener sentido a la primera mirada humana y que hay que hacer un esfuerzo para descubrir hacia dónde apunta su propio acontecer, pero que acaso demandan de nosotros un cierto temple. Esto no solamente tiene que ver con las catástrofes y las experiencias en las que el sufrimiento es el protagonista, sino también con las experiencias de sobreabundancia de sentido, como el amor y la amistad. En ambos casos, sin embargo, la tarea de la razón es la misma: descubrir hasta dónde llegan los bordes de su capacidad para comprender y hasta dónde ya se vuelve incapaz de pronunciar una palabra sobre el acontecimiento en medio del que se encuentra, sin renunciar a la búsqueda de la verdad ni arrogársela. Una razón que no intente decir nada es una razón suicida, traidora, pero una razón que intente decirlo todo será una razón arrogante, sumida en la hipertrofia. Es ahí en donde el matiz de la filosofía hace más habitable nuestro lenguaje y nuestra relación con el mundo.

La humanidad parece oscilar entre ciclos de concordia y violencia. Tras la última Guerra Mundial, la afirmación de la primacía política de la fraternidad humana se cubrió de discursos a favor de los derechos humanos y a favor de la defensa de la dignidad humana. La poesía antibelicista, tan de reciente creación y asociada a las últimas grandes guerras, ha rechazado el paradigma probélico que, no obstante, está volviendo entre algunos actores internacionales de la política. Tres acontecimientos de los últimos meses, llaman la atención por la forma en la que los ciudadanos del Reino Unido, Colombia y Estados Unidos han ejercido su derecho a participar en la democracia, pero lo han hecho para promover discursos que abonan —por decir lo menos— al chauvinismo, la violencia y el racismo. El «Brexit», el «no» y el inaudito respaldo a Trump por parte de los estadounidenses nos recuerdan acontecimientos históricos que hoy hallamos en la genealogía de las últimas dos guerras mundiales, como, en su momento, la elección democrática de Hitler por parte del pueblo alemán, con un discurso, por cierto, no muy desemejante de aquel de exclusión y odio que han comenzado a abanderar las comunidades ricas de Occidente, cuya voracidad esta vez amenaza con un holocausto árabe. La ideología de la arrogancia racial establece una situación excepcional que ya ha sido llamado Tercera Guerra Mundial, caracterizada por la transmisión, en vivo y a través de las redes sociales virtuales, de los testimonios de destrucción bélica y terrorista.

Entretanto, la inseguridad, la impunidad y la corrupción siguen siendo moneda corriente del país, presa del «narco Estado» a distintos niveles, suscitando aquí y allá el surgimiento de vengadores populares, aplastadas las autodefensas. La indignación demanda rememorar que México ha cumplido ya 10 años de la Guerra Contra el Narco, y más de 180,000 muertes se han relacionado, desde entonces, con este conflicto, cuyo final aún no se adivina y cuyo fracaso ha desacreditado las instituciones, de por sí desgastadas, de la democracia. Al cierre del año más violento del conflicto, aún seguimos «atiborrados» y bregando por una paz justa y digna, sin que se hayan esclarecido ni la desaparición de los 43 de Ayotzinapa, ni el destino de tantos anónimos cadáveres de que están sembradas las tierras mexicanas.

En circunstancias como las que atravesamos, el ejercicio de la filosofía y la memoria de la Historia se vuelven urgentes para llevar a cabo la crítica de nuestras decisiones colectivas y para reconocer los derroteros por los que la unanimidad fanática de los nacionalismos nos ha conducido en otros tiempos. En este sentido, la conversación que sostienen en la sección Dialógica Luis Niel y Eduardo González Di Pierro abona a la comprensión filosófica de los derechos humanos y a la argumentación de su fundamento, sobre el que, intentan dialogar más allá de dogmatismos violentos o auto evidencias sospechosas. Si bien no buscan dar una fundamentación fenomenológica exhaustiva al problema de los derechos humanos, sí buscan dejarse interpelar por esta ciencia filosófica para ajustar algunos términos que suelen ser ambiguos y dar con el sentido primigeniamente fenomenológico de algunas nociones que en las discusiones de filosofía política suelen obviarse.

El resto de los trabajos que presentamos en este número, responden a una especie de «peregrinación a las fuentes», para decirlo con Lanza del Vasto, en la que se va hacia los sedimentos de la historia de la filosofía para buscar claves de sentido de algunos fenómenos humanos, que tanto necesitamos hoy y que los clásicos suelen darnos con relativa frecuencia cuando se les mira bien y con la actitud correcta. La sección de Estudios abre, así, con un trabajo de Héctor Sevilla sobre el *Elogio de la locura*, explorando la «vacuidad» en la obra de Erasmo como un cierto arrojo al nihilismo místico o cínico.

Ezequiel Téllez, a continuación, intenta rastrear la influencia estoica del tratamiento que san Agustín da a las pasiones y a las emociones en la vida moral. Ángeles Cerón presenta la alternativa cartesiana: una ética de la provisión, fundada en la confianza propia de la vida de la fe, luego de discutir diversas interpretaciones sobre la espiritualidad de Cartesio. El profesor Alejandro Vigo, de la Universidad Navarra, escribe sobre el Kant menos leído, pero el más alto, también, el de la segunda parte de la *Crítica del juicio*, donde al hablar sobre la naturaleza como un sistema de fines, recupera elementos importantes tanto de la teleología como de la teología, en estrecha relación con la tradición metafísica. Fernando Fava vuelve sobre las elaboraciones póstumas de la célebre afirmación nietzscheana de coextensión entre lenguaje y mundo. Claudio César Calabrese, por su parte, encuentra las deudas de Heidegger con el mismo Agustín, deudas que, según argumenta, lo conducen de la fenomenología a la hermenéutica, nada menos. Finalmente, cierra con un trabajo de Francisco Galán acerca de la influencia del «sentido ilativo» de Newman sobre el *insight* de Lonergan.

Entregamos, por último, reseñas de libros de Giorgio Agamben, Olga Belmonte —miembro de nuestro Comité de Dirección— y de Alejandro Ordieres. Si Agamben en *Stasis* nos habla de la guerra civil como paradigma político y de la crisis profunda del Estado, Olga Belmonte reúne a destacados filósofos para pensar la indignación, el fenómeno político que recorrió el mundo y lo sigue haciendo de unos años para acá. Por último, Ordieres, para no perder el rumbo ético y político de las reseñas, reflexiona sobre el juicio y la acción moral en David Hume.

Recorremos, así, un arco de la historia de la filosofía que va de Agustín a Lonergan, y a los nuevos avances de la filosofía en nuestra lengua, no con el fin de abarcarlo todo, sino con el de apuntar a que todo ello existe y que da una vuelta a la razón, una recuperación de la confianza en ella, tal como la han ejercido los maestros que nos hablan en este número, puede ayudar a recobrar el sentido, apocalíptico a veces, de nuestra frágil humanidad en la historia (Rosales Meana & Escamilla, 2017).

El Apocalipsis de los filósofos

Desde la irrupción del coronavirus hasta esta parte, parece estar la comunidad filosófica más activa que nunca. Y no es para menos, pues pocas veces se ha vivido un acontecimiento que irrumpa de modo tan dramático y a la vez de modo tan incuestionablemente planetario como este.

Lo que está en cuestión en el debate filosófico es el rumbo que tomará el planeta al amainar la crisis. Porque -este es el presupuesto- el mundo cambiará tras la pandemia.

Las posiciones, a estas alturas, ya deben ser conocidas por todos: Agamben reclama que «agotado el terrorismo» el virus es la nueva ficción o, más bien, el nuevo instrumento para implementar el «estado de excepción como paradigma normal de gobierno» (Quodlibet); El Francés Jean-Luc Nancy, corrigiendo antes la comprensión de la enfermedad como ficticia, apoya dicha teoría al afirmar que la crisis del coronavirus «pone en duda toda una civilización, no hay duda de ello. Hay una especie de excepción viral —biológica, informática, cultural— que nos pandemiza» (Antinomie). Por supuesto no podía faltar el esloveno Slavoj Žižek que reclama que la pandemia abre la oportunidad de «reinventar el comunismo basándonos en la confianza en las personas y la ciencia» (Russia Today). Para finalmente cerrar este muy humilde resumen con el nuevo adalid de la filosofía contemporánea Byung-Chul Han, quien saliéndose de la línea apocalíptica-positiva prevé, más bien, un recrudecimiento y expansión del capitalismo absolutista oriental, pues ha probado mayor efectividad al combatir la pandemia. Han nos dice que «el virus no vencerá al capitalismo. La revolución viral no llegará a producirse. Ningún virus es capaz de hacer la revolución. El virus nos aísla e individualiza. No genera ningún sentimiento colectivo fuerte» (El País).

Pero la pregunta no planteada parece ser precisamente aquella del presupuesto: ¿necesariamente cambiará el mundo al volver paulatinamente la calma a nuestros países y ciudades? ¿Es el coronavirus la crisis fundamental de nuestra época que lo trastocará todo? Y esto, para ponerlo en términos más específicos: ¿significa esta crisis la necesaria transmutación del capitalismo, sea volviéndose aún más extremo o debilitándose hasta dar paso a algo nuevo?

La relación entre el virus y el capitalismo es clara, casi torpemente obvia, ambos son sucesos planetarios, de los que nada puede escaparse y ante los cuales nada queda indiferente. Pero esta característica no parece ser suficiente para pensar los destinos de ambos indisolublemente. Sin lugar a duda el virus interpela el sistema, más aún en países con modelos extremos como el nuestro, pero él es por sobre todo, fugaz y el capitalismo, parece ser un fenómeno con un origen mucho más profundo y por ello más estable.

Tal vez sea necesario enfrentar una realidad aún más dura que el propio virus, y es que quizás nada cambiara y que el anhelado apocalipsis no tendrá lugar. Más bien que todo seguirá su curso, porque aquello que llamamos capitalismo no es solamente un modo de administración económica, ni el conjunto de ciertas formas culturales, sino que la preeminencia de una estructura misma de la existencia humana, preeminencia para la cual, por ahora, no conocemos ni podemos avizorar alternativa alguna.

La solidez del capitalismo en términos económicos está a todas luces asegurada, pues como ha sido en múltiples ocasiones probado, el capital ve en las crisis una oportunidad de renovación de la paleta de sus canales de flujo. Baste decir respecto de esto que una vez que la vacuna sea producida, manufacturada y vendida al mejor postor, el capital celebrará. Esta es la sencilla pero inexorable ecuación «donde algunos pierden, otros ganan».

Esta crisis no es el catalizador de la hegemonía de China sobre occidente, porque China no necesita ningún virus para la expansión de su dominio que ha venido creciendo constantemente y sin tapujos. No surgirá ninguna refundación del comunismo porque el capital no ha entrado en crisis alguna, de hecho, quizás salga fortalecido. Esta pandemia no ha desnudado la falta de humanidad de nuestro mundo, porque ésta ya estaba siempre desnuda para el que estaba dispuesto a ver. Tampoco se extremarán los estados de excepción, porque los estados tienen ya, hace mucho tiempo, engrasados sus diversos mecanismos para el control de su población.

Una última reflexión crítica tiene que ver con el quehacer mismo de la filosofía y la apariencia que se ha despertado de que, ésta solo puede nutrirse y se pone en marcha en un estado de crisis. Los filósofos necesitan el apocalipsis porque la filosofía parece ya no tener ningún poder ni capacidad ante el avance y consolidación de una comprensión profunda e irreversible de la existencia humana como dominadora absoluta de la naturaleza como recurso.

Se necesita el fin del mundo como un regalo de la naturaleza, una solución *ex machina*, porque la filosofía está cansada y no puede ella misma hacerle ninguna ofrenda de salvación a la naturaleza. No puede darle ninguna visión clara y consistente de una comprensión no autodestructiva del ser humano.

Por ahora, mucho me temo que nada cambiará y que incluso la gran cicatriz de esta experiencia será pronto olvidada. El dominio destructivo de la tierra sigue su marcha a paso firme y no hace más que fortalecerse en la tragedia (en este punto concuerdo con Biung-Chul Han). Quizás solo hasta que los filósofos vean un nuevo mundo, antes de celebrar el fin del antiguo, se abran nuevas posibilidades para la existencia humana y esto, paradójicamente, sea solo posible abrazando nuestra más íntima esencia y no huyendo de ella (Michelow, 2020).

¿Está profetizada la tecnología moderna en la Biblia?

¡Tres profecías especificas registradas hace miles de años, predicen nuestra increíble era de tecnología avanzada!

Las condiciones son cada vez más aterradoras para el ciudadano promedio, la tecnología continuara siendo utilizada para una mezcla de bien y mal.

El rápido desarrollo de la tecnología está transformando la civilización de maneras que nadie imaginaba, algo emocionante y aterrador a la vez y que apenas estamos empezando a entender. Pareciera que la tecnología está a punto de convertir a los seres humanos en un producto nuevo: algo transformado, biónico, computarizado, robótico, sobrehumano.

La «telaraña» del Internet ha descendido y cubierto casi todos los aspectos de la civilización. El teléfono *inteligente*, el reloj *inteligente* y el hogar *inteligente* están creando un «mundo *inteligente*». Al contemplar la tecnología moderna (teniendo en cuenta las esperanzas y los temores, los pros y los contras, la felicidad y las preocupaciones), algunos se preguntan si nuestra era digital sin precedentes fue pronosticada en la profecía bíblica. ¿Acaso lo que vemos hoy está bosquejado de alguna manera en las páginas de un libro escrito hace tantos siglos?

Algunos lectores tal vez recuerden el mensaje que recibió el profeta Daniel hace más de 25 siglos en Daniel 12:4 respecto al tiempo del fin: «Muchos correrán de aquí para allá, y la ciencia se aumentará». Solo en la historia reciente ha sido posible que millones de personas viajen velozmente por todo el mundo y lleguen a sus destinos en cuestión de horas, lo que en siglos anteriores tomaba meses e incluso años.

Y en cuanto al aumento del conocimiento, un artículo en el sitio web *Digital Journal* (Revista digital) publicó ésta sorprendente tendencia: «Hasta el año 1900, el conocimiento humano se duplicaba aproximadamente *cada siglo*. Sin embargo, ya en 1950 el conocimiento humano se duplicaba *cada*

25 años. Desde el año 2000, el conocimiento humano se ha duplicado *cada año.* Actualmente, *nuestro conocimiento casi se duplica a diario*» (Tim Sandle, *Knowledge Doubles Almost Every Day, and It's Set to Increase* (El conocimiento se duplica casi todos los días, y sigue aumentando), 23 noviembre de 2018, énfasis nuestro en todo este artículo).

Sin duda, esto debería hacernos prestar atención a la rapidez con la que nuestro mundo está cambiando y también a la forma en que podrían cumplirse ahora las profecías bíblicas que antes eran un enigma. Veamos cómo tres versículos específicos de la Biblia predicen la era actual de interconexión por Internet, teléfonos inteligentes e información masiva, y cómo se están cumpliendo o podrían cumplirse éstas profecías.

Mateo 24:14: El evangelio llegaría a todas las naciones

En Mateo 24, los discípulos de Jesucristo le preguntaron sobre las señales de su regreso. Veamos una de las cosas que sucederían según él: «Y será predicado este evangelio del reino *en todo el mundo,* para testimonio a *todas las naciones*; y entonces vendrá el fin» (v. 14).

El mundo era muy diferente cuando Jesús entregó esta profecía. La comunicación era limitada y los mensajes eran llevados a pie, en barco o a caballo. Tomaba tiempo, a veces mucho tiempo, correr la voz; pero ya no. Lo que comenzó con la imprenta de tipo móvil en 1439, finalmente se convirtió en Internet y teléfonos inteligentes: ¡acceso instantáneo, con solo mover un dedo, a cualquier cosa y en cualquier momento!

En la actualidad aproximadamente 2700 millones de personas en todo el mundo tienen un teléfono móvil, lo que pone a su alcance el enorme conocimiento colectivo del hombre en cualquier momento. Las palabras de Cristo en Mateo 24:14 nunca han tenido más sentido que en esta era. El Internet en el bolsillo de cualquier persona significa que ahora existe el potencial, como nunca antes, de que el verdadero evangelio del Reino de Dios se predique, efectivamente, «a todas las naciones».

La revista *Las Buenas Noticias*, en sus versiones impresa y digital (por Internet), llega a todas las naciones del mundo con excepción de unas pocas. El escenario está listo para que Dios pueda alcanzar a grandes multitudes con el verdadero evangelio, y según el contexto de esta profecía, ella se cumplirá justo antes de la segunda venida de Cristo.

Apocalipsis 11:9: Noticias globales e instantáneas en vivo

El segundo versículo profético sobre tecnología se encuentra en el muy polémico y poco comprendido libro de Apocalipsis. Entre sus muchas profecías hay una que se halla en el capítulo 11 y que habla de dos siervos, llamados por Dios «mis dos testigos». Aquí encontramos una pista que apunta a la tecnología avanzada de hoy.

Este es el escenario de los dos testigos: la humanidad ya ha comenzado su rebelión postrera del tiempo del fin contra Dios. El *día del Señor*, el tiempo de la ira de Dios, está en marcha. Dios les da a los dos testigos el poder de predicar en su nombre durante 1260 días. Hacen milagros, llevan a cabo su obra fuera de Jerusalén y no pueden ser lastimados (versículos 3-6). Pero después de que terminan su cometido, Dios permite que los maten (versículos 7-8).

Luego ocurre algo extraordinario, algo que las generaciones anteriores nunca pudieron explicar: «Sus cadáveres estarán en la plaza de la gran ciudad (Jerusalén)… Y los de *los pueblos, tribus, lenguas y naciones* (¡todas las naciones!) *verán sus cadáveres* por tres días y medio… Y los *moradores de la tierra* (¡de nuevo, todas las naciones!) se regocijarán sobre ellos y se alegrarán, y se enviarán regalos unos a otros; porque estos dos profetas habían atormentado a los moradores de la tierra» (vv. 8-10). Los dos testigos son resucitados de entre los muertos.

¿Cómo podrá ver la gente de todo el mundo los cadáveres de los dos testigos en Jerusalén? ¡Esto hubiese sido imposible en cualquier otra época! Las generaciones anteriores solo podían hacer conjeturas y rascarse la cabeza. Por supuesto, Dios *podría* valerse de algún tipo de pantalla gigante en el cielo para transmitir el acontecimiento a todo el mundo, pero no hay evidencia de algo así en la narración de Apocalipsis.

Lo que se describe en este pasaje encaja con condiciones que solo se hicieron posibles una vez iniciada la era de los teléfonos inteligentes interconectados mediante la tecnología. Es fácil imaginar a las multitudes descritas en Apocalipsis consultando sin cesar las noticias o los sitios web de las redes sociales en busca de actualizaciones sobre lo que sucede con estos dos testigos, y sintonizando las últimas noticias sobre las muertes de estos siervos de Dios. ¡Así, pues, vemos que Apocalipsis 11:9 pronosticó los avances tecnológicos modernos!

Apocalipsis 13:15-17: Un sistema global de control nunca antes visto

Pero ahora es cuando la situación se torna escalofriante. Muchos versículos muestran el surgimiento en el tiempo del fin de una superpotencia con sede en Europa que regirá al mundo, llamada «la bestia». La Palabra de Dios muestra que esta ejercerá un control sin precedentes sobre las personas, como en un enorme Imperio romano, pero más grande y moderno, y en el cual la religión jugará un papel predominante.

Apocalipsis 13:15-17 muestra cómo el líder religioso de esta superpotencia de los últimos tiempos ejecutará la parte civil de este poder, castigando y eliminando a quienes se nieguen a adorar a la bestia: «Y se le permitió infundir aliento a la imagen de la bestia, para que la imagen hablase e *hiciese matar* a todo el que no la adorase. Y (el falso líder religioso) hacía que, a todos pequeños y grandes, ricos y pobres, libres y esclavos, se les pusiese una marca en la mano derecha, o en la frente; y *que ninguno pudiese comprar ni vender,* sino el que tuviese la marca...».

Observe cómo aquellos que se niegan a ser parte de este sistema satánico no pueden comprar ni vender y sufren el bloqueo de su poder adquisitivo. Luego imagine una sociedad sin dinero en efectivo, algo que pronto será una realidad. Todas las transacciones se hacen cada vez más por medios electrónicos. Técnicamente no será difícil que a las personas se les impida comprar y vender si no acatan el poder de la bestia.

Y si bien otros versículos sugieren que probablemente esta marca es simbólica, una alegoría de lo que será formar parte del falso sistema de adoración (asimilación de prácticas de esta sociedad adoptadas del paganismo, y rechazo de las características del verdadero culto cristiano que identifican al pueblo de Dios), no es exagerado concluir que la avanzada tecnología será fundamental para el ejercicio del poder de la bestia. Puede que la tecnología no sea la marca real de la bestia, pero es casi seguro que se utilizará para imponerla.

Ningún lugar donde esconderse

Incluso en la actualidad ya vemos que tanto gobiernos como empresas utilizan la tecnología de maneras que asustan a millones de personas. Un artículo reciente en la revista (canadiense-estadounidense) *Vice*, titulado «Le ofrecí 300 dólares a un caza recompensas y él encontró nuestro teléfono», dice lo siguiente: «T-Mobile, Sprint y AT&T están vendiendo el acceso a los datos de ubicación de sus clientes, y esos datos terminan en manos de caza recompensas y personas no autorizadas a tenerlos, lo que les permite rastrear la mayoría de los teléfonos en el país» (Joseph Cox, 8 de enero de 2019).

Otra alarma se activó cuando los profesores Woodrow Hartzog y Evan Selinger revelaron cómo la tecnología se está robando nuestra privacidad: «La tecnología hace que sea imposible ocultarse a simple vista... La tecnología de reconocimiento facial representa un peligro para la sociedad... Si su uso continúa en aumento y no se establecen las regulaciones necesarias, podríamos perder la posibilidad de estar en público sin ser reconocidos por la policía, nuestro vecino y las empresas» (*Why You Can No Longer Get Lost in the Crowd* [Por qué usted ya no puede ocultarse entre la multitud], *The New York Times*, 17 de abril de 2019).

Los docentes también demostraron cómo afectará esto la vida religiosa de las personas: «Quizá usted piense que puede faltar a la iglesia sin que nadie lo sepa, pero las iglesias están siendo blanco de comercialización de sistemas de reconocimiento facial que asegurarán que sus ausencias sean debidamente registradas. Y esto no se detendrá aquí».

Cada aspecto de nuestras vidas, incluyendo nuestras decisiones religiosas, pronto se podrán usar en contra nuestra.

Un invento no necesariamente hecho para lo bueno

El editor general del periódico estadounidense *The Wall Street Journal*, Gerard Baker, dejó al descubierto los «beneficios» de la tecnología en un artículo de abril de 2019 titulado *Technology Isn't a Force for Liberation After All* (Después de todo, la tecnología no es una fuerza liberadora). Él escribió:

«En manos de poderes eficaces y explotadores, como por ejemplo la República Popular de China o Facebook, la *larga marcha hacia la esclavitud por medio de la tecnología* continúa a un ritmo acelerado. A pesar de todos sus beneficios, el tipo de inteligencia artificial que hace posible el software de reconocimiento facial y un sinnúmero de otras posibilidades, está demostrando ser una herramienta extraordinariamente útil en *el avance de la represión*... los gobiernos están utilizando de múltiples maneras la inteligencia artificial y otras tecnologías para *silenciar la disidencia, reprimir la oposición* y fomentar sus propias ideologías...».

«Incluso durante la Primavera Árabe, la tecnología demostró que podía ser una espada de doble filo en manos de gobiernos autocráticos que utilizan tecnologías nuevas para *rastrear y atrapar a los alborotadores*. Y ahora, en menos de una década, los avances se han acelerado. China va a la vanguardia, pero los gobiernos de corte autoritario están adquiriendo y adaptando desesperadamente herramientas similares *Las posibilidades son escalofriantes*».

¡Y vaya si lo son! Como dijimos, las profecías bíblicas predicen el surgimiento de un gobierno autoritario muy poderoso, de dimensiones, alcance y nivel de control nunca vistos por la humanidad. La tecnología avanzada será prácticamente una de las mejores herramientas de la bestia, ¡y una de sus *armas* más efectivas!

Un masivo sistema de control

El sistema de crédito social de China es, por mucho, la aplicación tecnológica más preocupante del mundo actual.

El periódico británico *The Guardian* lo describe de esta manera: «El sistema de crédito social de China (es) un masivo sistema de datos para monitorear y moldear el comportamiento de las empresas y los ciudadanos... El sistema, que se ha comparado con una herramienta orwelliana de vigilancia de masas (aludiendo a George Orwell y sus escritos sobre un futuro Estado totalitario), es un ambicioso proyecto en marcha: una serie de datos masivos y procesos habilitados de IA (Inteligencia Artificial) que, de hecho, adjudica a las personas un puntaje crediticio basado en su comportamiento social, político y económico. A los individuos con puntajes bajos se les puede incluir en una lista negra o prohibir el acceso a servicios como transporte aéreo o terrestre, mientras que aquellos con puntajes altos pueden contar con privilegios. El gobierno chino aspira a que la totalidad de sus ciudadanos, 1355 millones, estén bajo este sistema para 2020» (*China's Social Credit System «Could Interfere in Other Nations» Sovereignty* [El sistema de crédito social de China «podría interferir en la soberanía de otras naciones»], Kelsey Munro, 27 de junio de 2018).

¡Reflexione acerca de esto! ¡Un sistema de gobierno que monitorea a más de mil millones de personas, rastrea todos los aspectos de sus vidas, y luego de clasificarlas les impone castigos y multas por no actuar según los criterios gubernamentales de lo que es correcto e incorrecto!

¡Y esto no es solo una hipótesis! El sistema ya ha impactado al mundo real: «El año pasado, a viajeros potenciales se les impidió comprar boletos aéreos 17.5 millones de veces por delitos contra el "crédito social", incluyendo impuestos y pago de multas... A otros se les prohibió comprar boletos de tren 5.5 millones de veces, según el Centro Nacional de Información de Crédito Público» (Joe McDonald, *China Bans Millions from Travel for «Social Credit» Offenses* [China prohíbe que millones viajen por delitos contra el «crédito social»], 22 de febrero de 2019).

Recuerde Apocalipsis 13 en relación a cómo puede influir todo esto para controlar las prácticas religiosas de las personas y demás aspectos de sus vidas. Ya se están sentando las bases.

Persecución religiosa impulsada por la tecnología

The Washington Post agregó más detalles sobre cómo China está utilizando la tecnología para controlar a las personas, según un informe de Human Rights Watch (organización mundial no gubernamental): «Las autoridades chinas en la provincia occidental de Xinjiang están elaborando una completa base de datos que rastrea los movimientos, el uso de aplicaciones móviles e incluso el consumo de electricidad y gasolina de las personas en esta región mayormente musulmana...».

«Estos controles desde Beijing... son parte de medidas de represión más amplias en Xinjiang, que incluyen el confinamiento de aproximadamente 1 millón de ciudadanos musulmanes y equipos de vigilancia de gran alcance...».

«Después de negar durante un año la existencia de centros de detección, las autoridades chinas han afirmado recientemente que la creación de la red de centros de detección en Xinjiang persigue educar y des radicalizar a una población musulmana que está cada vez más influenciada por la ideología islámica extremista. Grupos de derechos internacionales y países occidentales dicen que... es un enfoque de aplicación de la ley que castiga el comportamiento aparentemente legal o las *prácticas religiosas estándar*» (Gerry Shih, *«Police Cloud»: Chinese Database Tracks Apps, Car Location and Even Electricity Usage in Muslim Region* [«Nube policiaca»: Base de datos china rastrea aplicaciones, ubicación de automóviles e incluso uso de electricidad en la región musulmana], 2 de mayo de 2019).

Según la investigadora Maya Wang, autora del informe de Human Rights Watch, la libertad de *todos* está siendo amenazada. «Esto no se trata solo de Xinjiang, o incluso de China, sino de todo el mundo y de si los seres humanos podemos continuar teniendo libertad en un mundo de dispositivos interconectados», dijo Wang. «Es un llamado de advertencia, no solo respecto a China sino respecto a cada uno de nosotros».

Un artículo en *The New York Post* resulta escalofriante: «Una de las formas en que la gente puede mejorar su propio nivel de crédito consiste en delatar las *supuestas faltas de los demás*. Por ejemplo, las personas pueden ganar puntos *por reportar a los que violan las nuevas restricciones a la práctica religiosa*, como los cristianos que se reúnen ilegalmente para orar privadamente en sus casas... Por supuesto, a medida que el Estado avanza de manera creciente hacia su objetivo de monitorear todas las actividades de sus ciudadanos las 24 horas del día, los siete días de la semana, la sociedad en sí se convierte en una prisión virtual» (*China's New «Social Credit System» Is a Dystopian Nightmare* [Nuevo «sistema de crédito social chino» es una pesadilla antiutópica], Steven Mosher, 18 de mayo de 2019). Todo esto es impactante, grave, y hasta difícil de creer. ¡Pero estas tendencias solo empeorarán!

Nuestro preocupante futuro

Poderosas tecnologías ya están en manos de personas que dirigen grandes empresas y gobiernos. Muchos están utilizando mal lo que podría usarse para bien, de manera que una espada de Damocles digital cuelgue sobre miles de millones de personas. Muchos de quienes están preocupados piden la intervención de las agencias de control gubernamentales, pero ¿qué sucede cuando los propios gobiernos son los peores delincuentes?

Nadie sabe exactamente cómo sucederá todo esto, o cómo se cumplirán específicamente estas grandes profecías. Pero en el panorama actual, en el cual vemos cómo se usa la tecnología para controlar y dañar a las personas, es posible ver la silueta de la poderosa bestia futura persiguiendo a los disidentes, bloqueando su derecho a negociar y comerciar, y eliminando a aquellos que no se sometan. Hay varios hechos innegables: las condiciones para el ciudadano promedio de cualquier país se están volviendo cada vez más difíciles, y la tecnología no producirá la anhelada utopía imaginada por el hombre, sino que seguirá utilizándose en una mezcla de bien y mal, porque la naturaleza del hombre es en parte buena y en parte mala.

¡Usted puede entender!

Hace muchísimo tiempo, el Dios Creador, Maestro Diseñador y Arquitecto de nuestro mundo físico, sabía que llegarían estos días. Sabía que los seres humanos, guiados por sus propios criterios, con suficiente tiempo y mentes capaces de crear y trabajar unidas mediante una cooperación cada vez más estrecha, se sorprenderían y maravillarían de sus propias invenciones.

Como hemos visto en tres profecías específicas, Dios predijo el tipo de tecnología avanzada que estamos viendo hoy. Pero más allá de lo que hemos analizado aquí, ¡usted puede enterarse de muchas otras cosas que él predijo para nuestro tiempo!

Los siervos de Dios comprenden el marco general de su plan. El profeta Amós fue inspirado a escribir: «Porque no hará nada el Eterno el Señor, sin que revele su secreto a sus siervos los profetas» (Amós 3:7). ¡Estos «secretos» fueron revelados a los profetas de Dios y a los apóstoles, y ahora nos han sido transmitidos a nosotros a través de la Biblia! (Palm, 2019).

Rusia, la tercera guerra mundial y las profecías bíblicas

Entiendo que es importante traer a colación algunos aspectos que ayudarán a aclarar dudas que suelen surgir en un momento como este. Hay algunas preguntas que los cristianos sinceros se pueden hacer, ante un conflicto con muertes, destrucción y un antagonismo con efectos económicos, políticos y sociales en todo el planeta.

Una de las preguntas es: ¿este tipo de ataque de Rusia es algo profetizado en la Biblia? O ¿existe alguna indicación clara de que Rusia es un poder mencionado en la Palabra de Dios?

Rusia y la profecía bíblica

Hace varios años, un grupo de estudiosos de las profecías, de diferentes denominaciones, han identificado a Rusia en los capítulos 38 y 39 del libro de Ezequiel, específicamente en la profecía contra Gog. Una de las razones principales para pensar de esa forma es la mención, en el versículo 2 del capítulo 38, de que Gog sería el príncipe de Mesec y Tubal. Por asimilación fonética, muchos interpretan Tubal (*ro'sh*, en el original hebreo) como una palabra asociada a Rusia, y a Mesec como un término que remite a Moscú, actual capital de Rusia.

Los adeptos a esta idea creen que el ataque de Gog contra Israel en el futuro será algo literal. Los que defienden este concepto, muchos de la línea conocida como dispensacionalismo, poseen una argumentación específica. Afirman que, en algún momento futuro, la nación de Israel participará de una gran batalla protagonizada por otras naciones, entre ellas Rusia. El doctor Rodrigo Silva, especialista en arqueología e historicidad bíblica, enfatizó en una transmisión en vivo que los dispensacionalistas comprenden que eso se dará en la batalla de Armagedón, que aparece en el capítulo 16 de Apocalipsis.

Ezequiel y Apocalipsis

En un artículo publicado en 2007, el teólogo adventista Jiri Moskala concluye que las profecías relatadas en los capítulos 38 y 39 de Ezequiel deben ser correctamente comprendidas a la luz de otros textos como el versículo 8 del capítulo 20 de Apocalipsis. En esta porción, el apóstol Juan menciona a Gog en la destrucción final de Satanás y las personas perdidas después del milenio. Y, por lo tanto, después del regreso de Jesucristo. Moskala defiende la idea de que el ataque de Gog a Israel podría ser interpretado históricamente como algo que ocurriría después del exilio babilónico. Eso sería plausible en la hipótesis de que Israel, como nación, se volviera fiel a Dios.

Sin embargo, el autor pondera que Juan universaliza la profecía de Ezequiel. Para Moskala, «Gog y Magog ya no son enemigos políticos de la etnia israelita, sino enemigos escatológicos adversarios de todas las generaciones del pueblo perverso, desde Adán hasta la segunda venida de Cristo, que obstinadamente se rebelaron contra Dios y sus valores y sus fieles seguidores». El *Comentario Bíblico Adventista* va en el mismo sentido, al afirmar que Gog «es el nombre elegido por Ezequiel para designar al caudillo de las hordas paganas que se lanzan en un ataque final a Israel, después de su restauración, en un tiempo cuando los israelitas gozan de la prosperidad prometida por Dios, a condición de que su pueblo le obedezca».

¿Babilonia y la tercera guerra?

En la misma transmisión en vivo, el doctor Rodrigo Silva recuerda a comentaristas que hacen referencia al hecho de que Gog es un nombre en código para Babilonia. Él explica, detalladamente, la técnica que permite llegar a esa conclusión. Josef Greig también hace alusión a ese código en un artículo con fecha de 1978. Así resalta que «las hordas paganas mencionadas en Ezequiel pueden ser usadas para representar, simbólicamente, a los poderes del mal que siempre estuvieron y siempre estarán en conflicto con el reino de Dios hasta el triunfo final de Dios».

El tema es largo y merecería un artículo exclusivo. Pero la Biblia no da a entender que el mundo será destruido finalmente por una tercera guerra mundial, ni por un embate nuclear. El capítulo 2 de Daniel nos da una perspectiva muy clara de cómo el reino eterno pondrá fin a lo que hoy hemos visto aquí.

Jesús, en el famoso sermón profético registrado en el capítulo 24 del evangelio según Mateo, sitúa a las guerras y a los rumores de guerra (versículo 6) como indicadores de los tiempos finales que anteceden su regreso. Al mismo tiempo, resalta seguramente que el evangelio será predicado a todas las personas. Y esa es la gran señal del fin.

Regreso de Jesús

Según Malaquías 4, 2 Pedro 3:10 y Apocalipsis 20, y otros textos, el mal será completamente aniquilado. Se trata de una retribución a quien se unió al pecado y no aceptó la gracia de Cristo que lleva al arrepentimiento y al cambio de vida. Son los que se adhirieron al concepto del mal en contra de la voluntad y los propósitos de Dios representado fielmente por Babilonia y obviamente por lo que Ezequiel optó por llamar Gog y Magog.

El regreso de Cristo, prometido en el Antiguo Testamento y conformado por el propio Jesús, como en el capítulo 14 del evangelio de Juan, es el ápice de la historia universal. Eso debería ser razón suficiente para producir esperanza en la vida de las personas y profunda confianza en una perspectiva mejor del futuro cercano (Lemos, 2022).

Así sería el Apocalipsis causado por una guerra mundial entre Estados Unidos y Rusia

---

Los investigadores de la Universidad de Princeton han desarrollado una inquietante simulación que enseña cómo se desarrollaría una guerra nuclear entre Rusia, por un lado, y Estados unidos junto a la OTAN por el otro. El modelo está basado en datos realistas sobre posturas de la fuerza nuclear, objetivos y estimaciones de causalidad.

Se predice que 34.1 millones de personas morirían por la detonación de las bombas nucleares en cuestión de horas. Sin embargo, el apocalíptico conflicto dejaría 60 millones de heridos aproximadamente. No obstante, las cifras no incluyen las muertes posteriores por consecuencias nucleares y otros efectos.

¿Cómo se desarrollaría el conflicto?

La simulación empieza mostrando un conflicto convencional, es decir, no nuclear. En este caso Rusia sería la primera en disparar, al realizar un disparo de advertencia nuclear desde su base en el mar negro con el propósito de detener el avance en conjunto de

Estados Unidos y la OTAN. Como respuesta, Rusia sería golpeada con un sólo ataque aéreo táctico nuclear. Después se desataría el principio del fin del mundo.

En el 'Plan táctico', Rusia atacaría las bases y tropas de la OTAN con 300 armas nucleares a lo que respondería la OTAN con 180 armas nucleares. En tan sólo 3 horas habría 2,6 millones de muertos y Europa quedaría devastada.

En la segunda etapa, 'Plan de contrafuerza', cada bando del conflicto se esforzaría por eliminar la capacidad nuclear ofensiva del otro, destruyendo sus bases. En 45 minutos morirían la increíble cifra de 3.4 millones de personas.

En la última etapa y más destructiva, 'El plan de contrapartida', ambas partes de la guerra dispararían hasta 10 armas nucleares contra las 30 ciudades o centros económicos más poblados del bando contrario. Esto causaría entre muertos y heridos más de 85 millones de víctimas en solamente 45 minutos. La totalidad de muertes en un primer instante sería de 34,1 millones de personas.

Aunque en esencia muchos países del hemisferio sur (a los que hay que sumar España) parecen quedar intactos y sin ningún tipo de daño, los efectos nucleares y los impactos a largo plazo en el clima de la Tierra, la población y la producción de alimentos se verían seriamente afectados.

¿Cuál es el efecto de una bomba nuclear?

Dependiendo del diseño del arma nuclear, la naturaleza de la zona de explosión y factores del clima los efectos podrían ser más o menos devastadores.

Al estallar, el 35 por ciento de la energía se desprende en forma de calor arrasando todo a su paso. A causa de la explosión se produce una ceguera repentina en todos aquellos que observan el momento. Pero aparte también se produce ceguera en todos aquellos que estén dentro del rango de exposición de la bomba. Por ejemplo, si el arma fuera de 1 megatón todos aquellos que se encuentren en un radio de 20 kilómetros en un día despejado podrían sufrir ceguera. En cambio, si explotase durante una noche despejada afectaría a todos ellos entre 80 kilómetros a la redonda.

Para aquellos que se encuentren a menos de 8 kilómetros de distancia del foco sufrirían quemaduras de tercer grado. Y debido a los fuertes vientos, de hasta 254 kilómetros por hora, los objetos saldrían volando causando más muertes y heridos en un radio de menos de 5 kilómetros. Y quedaría el problema de la radiación que causaría más problemas que la explosión en sí misma.

El equipo detrás del ensayo espera que la simulación resalte las consecuencias apocalípticas y el costo para la humanidad de la guerra nuclear entre los dos bloques, relajando así las continuas tensiones entre ambos países (TecnoXplora, 2020).

Qué dice la Biblia sobre el Fin del Mundo (Apocalipsis) y la Tercera Guerra Mundial

En la teología cristiana, existen numerosas profecías acerca de los tiempos venideros, sobre guerras, pandemias, terremotos, desastres, entre otros; por esta razón cuando un evento importante a nivel mundial está por ocurrir, la Biblia suele ser una referencia para saber que habría de suceder.

De esta manera dados los recientes conflictos entre Rusia y Ucrania, una vez más, este libro de libros es analizado a la luz de nuestra actualidad. En el presente texto exploraremos la posibilidad de que, en efecto, los textos bíblicos indiquen una tercera guerra mundial; además, recorreremos algunas interpretaciones sobre el apocalipsis, según la Biblia, el papel de Rusia y nuestra actualidad.

Otros escritos proféticos

El libro comúnmente citado de la Biblia, cuando se trata de profecías sobre guerras o el fin del mundo, es el apocalipsis, también llamado revelaciones; sin embargo, es menos conocido que hay «otros apocalipsis» y profecías sobre el tema en más libros bíblicos.

Por ejemplo, tenemos el apocalipsis del profeta Isaías, dentro de su libro homónimo, en el que menciona tribulaciones y el día del Señor. También, los libros de los profetas Joel y Daniel, son libros que abordan dicha cuestión y la complementan.

Asimismo, son poco conocidas las declaraciones del tema que hizo Jesucristo, en los evangelios según Mateo, Marcos y Lucas. Más adelante hablaremos de forma breve respecto de estas obras y sus posibles señalamientos de una tercera guerra mundial; no obstante, en el presente texto nos enfocaremos al contenido de Revelaciones, pues, al ser más conocido, es también el más mal interpretado.

El libro en su entorno

En general, de principio a fin, la Biblia está repleta de profecías que se relacionan una a la otra. Por esta razón, es difícil comprender el significado pleno de cada una sin conocer las demás y su contexto; sobre todo, si se trata de profecías del fin de los tiempos o de una tercera guerra mundial, debido a su carácter polémico.

Además, destaquemos lo que quizás es obvio, pero a veces se olvida: el apocalipsis es un libro completo. Como sabemos, todo libro debe tener un principio, un desarrollo, un fin, cohesión y coherencia; Revelaciones funciona igual, no es una lista de profecías aleatorias, sino que hay una narración, es decir, una secuencia lógica de acontecimientos.

De esta manera para analizarlo correctamente, es imperativo leerlo del comienzo al final, e incluso examinar otros libros bíblicos; aunque por supuesto, se puede obtener una cierta noción a partir de los análisis de otras personas.

¿Conceptos intercambiables?

La palabra apocalipsis de acuerdo con el (Diccionario de la Lengua Española), significa «fin del mundo» o «situación catastrófica», que evoca la imagen de la destrucción total; en efecto, es la definición reconocida de manera popular. No obstante, según la etimología griega, apocalipsis significa 'Revelación', o sea, 'manifestación de una verdad secreta u oculta',

Recordemos que el libro apocalipsis, así como todo el Nuevo Testamento, fue escrito en griego en su versión original; por lo que, en este caso, la definición etimológica concuerda más con el sentido primigenio de la obra. El libro comprende las revelaciones que el apóstol Juan recibió de Jesucristo sobre los postreros tiempos del mundo como lo conocemos hasta ahora.

Así podremos ver con mayor claridad que, el libro no habla del fin del mundo o su destrucción como cese de la existencia; en realidad, muestra cómo se ejecuta el cambio, de acuerdo con la teología cristiana, del reinado de Satanás (nuestra actualidad), al de Jesucristo.

Breve resumen de Revelaciones

La historia comienza con la aparición de Jesús al apóstol Juan en Patmos, donde se encontraba encarcelado en exilio; ahí, el Mesías le pide que escriba cartas a las iglesias, como enseñanza, y un libro en el que indique todo lo que le va a revelar.

Después, a Juan le es mostrado el cielo y lo que habría de ocurrir en el futuro, durante las tribulaciones, en la tierra; por una parte, el apóstol observó un rollo con 7 sellos, que conforme al cordero de Dios los va abriendo, ocasionan un cambio en la situación mundial.

De este modo, Juan ve aparecer uno a uno los reconocidos jinetes del apocalipsis con sus caballos blanco, rojo, negro y pálido; así como desastres mundiales: terremotos, inflación, hambruna, muerte, enfermedades, guerras, etcétera.

Por otra parte, el apóstol escucha el sonido de 7 trompetas, que indican desastres meteorológicos; además, se le revela la existencia de un dragón (el diablo o Satanás), dos bestias (una de ellas el anticristo) y sus acciones en la tierra.

Posteriormente, ve como los ángeles derraman las 7 copas que simbolizan la ira de Dios, detonantes de aún más desastres; asimismo, se explica la condenación de la gran prostituta, la caída de la nueva Babilonia y la derrota de las bestias y el dragón. Para finalizar, el libro cierra con el reinado eterno de Jesús en la nueva Jerusalén, donde habitara con sus santos.

Una joven dará a luz un niño

Ahora sí, ¿qué dice la Biblia acerca de una posible tercera guerra mundial? Es difícil precisarlo puesto que se trata de una cuestión de interpretaciones; aunque mostraremos que profecías podrían estar indicando dicho conflicto.

Algunos teólogos han señalado la posibilidad de que una tercera guerra mundial ocurra dentro de lo que; en la Biblia, se denomina los dolores de parto; estos son un simbolismo de un gran dolor previo al nacimiento de una situación mayor, primero de sufrimiento y luego de regocijo.

Se trata de aquellas desgracias que han de ocurrir, según el cristianismo bíblico, antes de todo lo revelado en el libro apocalipsis; así, se configuran como las indicaciones de que el fin de la vida, tal cual ha sido hasta ahora, se encuentra cerca.

«Ustedes tendrán noticias de que hay guerras aquí y allá; pero no se asusten, pues así tiene que ocurrir; sin embargo, aún no será el fin. Porque una nación peleará contra otra y un país hará guerra contra otro; y habrá hambres y terremotos en muchos lugares. Pero todo eso apenas será el comienzo de los dolores» (Jesucristo a sus Apóstoles en el evangelio según San Mateo [DHH], w. 24:6-8, pasajes paralelos en Marcos 13:7-8 y Lucas 21:9-11)

Es cierto que hay pocos indicios que una de estas guerras sea la posible tercera guerra mundial; asimismo, se sobreentiende que una guerra de tal magnitud, con la tecnología y recursos actuales, seria letal para nuestra realidad. Por lo que es más verosímil pensar que estos dolores de parto sean, en cambio, guerras esporádicas alrededor del mundo, previas a la gran tribulación.

Los cuatro jinetes

Ya iniciado el periodo narrado en revelaciones, aparecen los jinetes mencionados. Primero se presenta el jinete en el caballo blanco, el cual tiene muchas interpretaciones, como que simboliza al anticristo. En segundo lugar, se presenta el jinete en el caballo rojo, que arranca la paz del mundo para que los hombres se maten entre ellos.

El tercer jinete en el caballo negro, indica la inflación, el encarecimiento exagerado de los productos del mercado; por último, el cuarto jinete, en el caballo pálido, es llamado muerte, que ocasiona con guerras, hambres, enfermedades y las «fieras» de la tierra.

Como podemos notar, a partir de la aparición del segundo jinete comienzan guerras alrededor del mundo y todas las muertes que conllevarían. Por supuesto, esto podría implicar una tercera guerra mundial, sobretodo como inicio de muchas desgracias más; sin embargo, existe la posibilidad de que se refiera una vez más, a guerras esporádicas antes de una gran guerra definitiva.

Las plagas y sus consecuencias

Otra profecía que podría estar señalando otro evento, aunque indirectamente, es la de las plagas y desastres meteorológicos; claro está que el ser humano no suele tener tolerancia a los malos tiempos: cuando la desgracia aparece, trae consigo el caos social.

Lo hemos visto incontables veces a lo largo de la historia; por ejemplo, en los huracanes o tornados, suele haber rapiñas; en los conflictos armados, afloran los asesinatos y abusos sexuales, incluso entre el mismo bando.

Por esta razón, cuando la Biblia habla de las 7 trompetas que indican una serie de plagas y sucesos climatológicos, estas pueden significar contiendas; entre los eventos figuran lluvias de fuego, granizo, incendios forestales masivos, que los mares se vuelvan sangre y los ríos manantiales amargos.

Si acaso surge un azote mundial de langostas (Ap. 9:1-12), es seguro que los cultivos se estropearían; por tanto, la comida se encarecería, el comercio internacional sufriría daños, se desatarían robos, desorden y guerras por supuesto, a causa del miedo. ¿Esto significaría una tercera guerra mundial? Es posible, pero no hay manera de confirmar esta interpretación.

Un dragón y dos bestias

Por fin, llegamos a una de las profecías más interesantes para el tema que nos ocupa. Por lo general, la cultura popular se refiere bastante al diablo y al anticristo como entidades intercambiables, como sinónimos; antes bien, de acuerdo con la Biblia, son dos seres distintos.

Por un lado, el diablo es descrito de la siguiente manera:

«Luego apareció en el cielo una señal: un gran dragón rojo que tenía siete cabezas, diez cuernos y una corona en cada cabeza. Así que fue expulsado el gran dragón, aquella serpiente antigua que se llama Diablo y Satanás, y que engaña a todo el mundo. Él y sus Ángeles fueron lanzados a la tierra» (El apóstol Juan sobre el dragón, en Apocalipsis [DHH], W, 12:3 y 12:9).

Por supuesto, el termino serpiente alude al animal que engaña a Eva para comer el fruto prohibido en el jardín del Edén, en el Génesis. Por otro lado, el anticristo es descrito así:

«Este monstruo (o bestia) que yo vi, parecía un leopardo; y tenía patas como de oso y boca como de león. El dragón le dio su poder y su trono y mucha autoridad» (el apóstol Juan sobre la primera bestia/monstruo o el anticristo, en Apocalipsis [DHH], W. 13:2

De esta manera, podemos distinguir que el dragón, o Satanás, es aquella entidad maligna que existe desde el principio de los tiempos; por su parte, el Anticristo es un ser que aparecerá cuando los hechos del libro Apocalipsis empiecen a cumplirse, y obtiene su poder gracias al dragón.

¿Quién es el anticristo?

Recordemos que la palabra anticristo es compuesta por el prefijo *anti-* (opuesto) y *cristo,* que significa mesías o salvador; por lo tanto, el Anticristo es un adversario de Cristo y por esta razón, tiene la labor contraria a este último.

«Pues Dios amo tanto al mundo, que dio a su hijo único, para que todo aquel que cree en el no muera, sino que tenga vida eterna. Porque Dios no envió a su hijo al mundo para condenar al mundo, sino para salvarlo» (Jesucristo a Nicodemo sobre su labor redentora, en el evangelio según Juan [DHH], W, 3:16-17).

Por su parte, el Anticristo de igual manera es mandado por su «padre», el dragón o Satanás, a cumplir una misión: condenar a la humanidad; de acuerdo con los textos bíblicos del Nuevo Testamento, que tienen casi dos mil años de antigüedad.

De manera similar, hay que añadir que, en la Biblia, el anticristo es retratado como un gobernante mundial, que trae «esperanza» a las personas; así, según Revelaciones, el Anticristo no se presenta ante las sociedades como un ser infernal y diabólico, sino lo contrario.

¿Cuántas personas habrían de querer seguir a un líder notoriamente maligno, semejante a un demonio? Por lo menos no la mayoría, es por esta razón que el Anticristo es un ser carismático y prometedor para las personas. Además, en el capítulo 13 de Apocalipsis, se menciona que hará señales milagrosas frente a los hombres para engañarlos y le adorarían por ello.

Una tercera guerra y el papel del Anticristo

Existen diferentes interpretaciones de cuando exactamente habría de aparecer el Anticristo, de acuerdo con la Biblia; no obstante, una de las más importantes indica que habría de aparecer cuando el mundo este necesitado de un mesías, después de gran destrucción.

En el libro Daniel del Antiguo Testamento, se menciona su existencia de la siguiente manera:

«Cuando el dominio de estos reinos llegue a su fin y las maldades hayan llegado al colmo, un rey insolente y astuto (el Anticristo) ocupara el poder. Llagara a ser poderoso, pero no con su propio poder; destruirá de manera increíble y triunfara en todo lo que haga. Destruirá a hombres poderosos y también a muchos del pueblo de Dios. Por su astucia, sus engaños triunfaran. Se llenará de orgullo, y a mucha gente que vivía confiada le quitará la vida a traición. Hará frente al príncipe de príncipes, pero será destruido por él» (el profeta Daniel contando la interpretación que un ángel le dio de una visión que tuvo, en Daniel [DHH], W. 8:23-25).

Como es de suponer, el Anticristo haría su aparición en un momento de debilidad global, después de una gran guerra entre naciones; esto con el propósito de unificarlas, reinar sobre ellas y traer la paz entre los hombres mientras duren los juicios de Dios. Pero de acuerdo con el cristianismo, se trataría de un engaño, pues entre sus planes no estaría el ayudar a las personas, sino perjudicarlas.

La marca de la bestia

Dentro del marco de reinado del Anticristo, se incluye la aparición de la tan conocida «marca» de la bestia o del Anticristo.

«Además, hizo que, a todos pequeños y grandes, ricos y pobres, libres y esclavos, les pusieron una marca en la mano derecha o en la frente. Y nadie podía comprar ni vender, si no tenía la marca o el nombre del monstruo, o el número de su nombre» (el apóstol Juan acerca de su visión sobre la marca de la bestia, en Apocalipsis [DHH, 1983], W. 13:16-17).

En resumen, se trata de una marca obligatoria, la libertad de quien no la tome y que comprometería la salvación espiritual cristiana. En internet, muchos han relacionado esta marca a un posible chip subdérmico que suplante el dinero físico, las tarjetas, etc.

Sin embargo, no existe manera de saber con certeza como seria dicha marca. Únicamente podemos saber que la implementación de esta medida implica la inminente llegada de la más grande guerra profetizada en la Biblia.

La guerra de Armagedón

En hebreo, Armagedón significa «montaña del degüello» y es el sitio donde se llevaría a cabo esta gran guerra. Ahora bien, este sitio suele ser identificado como el monte mejido al norte de Israel; no obstante, no es una montaña, sino, como ya dijimos, un monte o colina, por lo que no hay consenso sobre su locación exacta.

Es allí donde el dragón, el Anticristo y su falso profeta (la segunda bestia) habrían de reunir a todas las naciones y a sus reyes; con el propósito de luchar contra Jesucristo y su ejército, que descendería del cielo para tomar control de la tierra por mil años.

Contrariamente a lo que se pudiera pensar, esta guerra mundial no sería de hombres contra hombres; de esta manera, se convierte en una de las profecías más interesantes de la Biblia y, con mayor cantidad de interpretaciones.

Armagedón en la cultura popular

Algunas personas han señalado que esta guerra seria anunciada a la humanidad como una guerra contra fuerzas alienígenas o la amenaza de un poder superior incomprensible; a pesar de que se trataría de una guerra contra Dios mismo y sus huestes. Por cierto, esta temática ha sido retratada numerosas veces y de diferentes maneras en la cultura y el entretenimiento.

Por ejemplo, en los caballeros del zodiaco, los protagonistas constantemente luchan contra dioses que quieren tomar el control de la tierra y limpiar la maldad. Otro grande ejemplo es la saga de Avengers de Marvel; ahí podemos ver que un ser con un poder superior, aunque adquirido, Thanos, quiere mejorar el mundo, desapareciendo a una parte de la población.

Por supuesto, en ambos ejemplos, ganan los humanos o los defensores de la humanidad. En la Biblia, por su parte, gana el ejército de Jesús, al derramarse la séptima copa de la ira de Dios.

Gog y Magog y la confusión con la situación Rusia-Ucrania

Después de la guerra de Armagedón, la Biblia indica que Jesucristo establecerá un reino de mil años, en la nueva Jerusalén; durante este tiempo, morara con sus santos, pero fuera de su ciudad permanecerán otras naciones y el dragón será encadenado.

Pasados los mil años, satanás sería liberado y reuniría por última vez a las legiones Gog y Magog, que quedaron después de la gran tribulación; así, lucharían por última vez contra dios, hasta que este los arroje a lago de fuego por la eternidad.

Actualmente, debido a los conflictos entre Rusia y Ucrania, han surgido nuevas interpretaciones de estas profecías bíblicas. Entre ellas se encuentra que Gog y Magog, ejército proveniente de «los confines del norte» (Ez. 38:6), es Rusia y atacaría la ciudad de dios; dicha interpretación está haciendo referencia, claro está, a la actual Jerusalén, en el estado de Israel.

¿Dónde o quien es Gog y Magog?

Por esta razón, se ha dicho que la nación rusa, tras conquistar Ucrania y otras naciones más, iría por la tierra santa; también se ha mencionado, que estaría aliada con otros países como lo son China y Corea del Norte.

No obstante, de acuerdo con los textos bíblicos, esto no es posible, puesto que primero deben ocurrir muchos eventos, como, La guerra de Armagedón. Además, en Ap. 20:8, Gog y Magog son referidos «como las naciones de los cuatro extremos de la tierra» (DHH, 1983); así mismo en Ez. 38:6, esos cuatro extremos se identifican en conjunto con Persia (actualmente Irán), Etiopia y Libia.

En resumen

Como se ha mostrado a lo largo del texto, la Biblia no profetiza, en particular, una guerra mundial, sino muchas guerras entre los hombres. Pero, si profetiza una grande guerra en que todas las naciones se unan para luchar contra una fuerza superior; en este caso, se trata de Dios, Jesucristo y sus Ángeles.

Para que ocurra lo anterior, en síntesis, primero se requiere grande destrucción y desesperación de la humanidad. Posteriormente, la necesidad de un salvador, que unificaría los gobiernos; dicho salvador sería un ser carismático al que todos adorarían, menos los cristianos. Por esta razón, personajes como Emmanuel Macron, Donald Trump, Vladimir Putin o incluso el papa Francisco no pueden ser el anticristo: tienen muchos *haters*.

Para finalizar...

Como vemos, la Biblia y en particular e libro Apocalipsis, tiene mucho que decir acerca de eventos futuros, a la luz de la teología cristiana; es un conjunto de libros escritos hace miles de años y que han sido referencia para numerosas religiones a lo largo de la historia.

Aunque los textos están dirigidos a los creyentes del dios cristiano, la Biblia es, en general, una obra única e interesantísima; por supuesto, ha atraído y seguirá atrayendo la atención de todo tipo de público porque abarca respuestas a las preguntas más antiguas de la humanidad.

No sabemos cómo ni cuándo será una tercera guerra mundial; sin embargo, es bastante útil observar los tiempos en que nos encontramos e intentar interpretarlos para buscar la verdad. De esta manera, es más fácil saber cómo actuar y estar preparados para lo que venga (Velázquez, 2022).

La Inteligencia Artificial y el Apocalipsis; el futuro según los algoritmos

La Inteligencia Artificial (I. A.) siempre será un fenómeno interesante para muchos o terrorífico para otros, más si hablamos de aquellas inteligencias destinadas a generar predicciones o conversaciones. La I. A. ya es más una realidad que una idea de una obra de ficción; teniendo presentes a Siri de Apple, los bots de Google y Facebook, Alexa de Amazon o robots inteligentes creados por grandes empresas como NAO.

De hecho, ya son muy pocos los espacios donde los humanos no coexistan con robots, siendo resultado del humano que siempre busca crear maquinas «con vida»; por ejemplo, tratando de darles atributos humanos como la creatividad, imaginación, empatía, la auto optimización y la capacidad de negarse. Aunque, aun no se logra que un robot iguale a un humano, las I. A. siempre dan de que hablar, sobre todo, cuando se relacionan con el Apocalipsis o las guerras.

Analizar a través de patrones

Primero, antes de comenzar a preocuparnos de verdad por robots que desean tenernos de mascotas, analicemos unas cuantas cosas.

En principio, no hay que olvidar las palabras de Filip Pieczynski, director de desarrollo de negocios de RTB House: «los datos están en todas partes» (2017) y es innegable; ciertamente, para las maquinas todo es información que puede analizarse a través de patrones, al fin y al cabo, eso son los algoritmos, patrones. Sin irnos muy lejos, tanto en la publicidad como Netflix y Google, utilizan estos algoritmos, no obstante, no son tan avanzados como una I. A. más sofisticada.

Como vemos, se ha vuelto una herramienta cada vez más común, no por nada a cada página que entras, te encuentras con las confusas cookies.

Ahora, si nos vamos a I. A. más simple como CleverBot, vemos que genera conversaciones según el patrón que deben seguir ciertas respuestas, para que tengan coherencia; básicamente, la mayoría de las I. A. son como loros con mucha memoria. Por lo tanto, eso significa que cuando una I. A. a través de sus algoritmos, predice un Apocalipsis o una guerra mundial, ¿significa que puede ser real?

«Quien controla la I. A., controla el mundo»

Tomando en cuenta lo anterior, es comprensible que la población se preocupe cuando los líderes mundiales quieren tener dominio total de «la I. A. De hecho, en el 2017, Vladimir Putin afirmo que la inteligencia artificial será la clave del futuro»; admitiendo que el país que la lidere será la primera potencia mundial. Para variar, el presidente de Rusia declara que la I. A. puede provocar la tercera guerra mundial.

Así que, tomando en cuenta que, tanto China, Estados Unidos, India y Rusia son grandes potencias tecnológicas, algunos expertos creen que esto comenzaría otra competencia entre países; por lo que algunos, tomando en cuenta el escenario actual, teorizan que Putin pudo dar en ese momento, indicios de provocar una guerra utilizando la I. A. además, sustentan sus hipótesis con la confirmación de Elon Musk en 2019, sobre la disponibilidad de vehículos autónomos (precisamente usando I. A.) de parte de AMD.

De esta forma, varios usuarios en redes sociales, creen que existe la posibilidad de que lo que ocurre sea un adelanto de los verdaderos planes de Rusia; puesto que Putin asegura que desea «compartir su conocimiento al respecto a todo el mundo» en relación al ámbito de la Inteligencia Artificial.

¿Elon Musk predijo la Tercera Guerra Mundial?

De igual forma, si de I. A. hablamos, es necesario mencionar a uno de los más famosos dentro del área: Elon Musk; quien se ha visto vinculado en muchas polémicas con respecto a sus invenciones, consideradas alocadas o muy ambiciosas, y claro, es objetivo de varios memes. Pero, dentro de estas polémicas, se encuentra lo que algunos denominan su predicción sobre la Tercera Guerra Mundial.

Todo comenzó cuando en 2017, publicó en su Twitter que China, Rusia y todos los países fuertes en Ciencia computacional, competirán por la superioridad de las I. A.; como resultado, ésta alarmante predicción fue vinculada a las declaraciones de Putin. Aunado a esto, Musk dijo también en otro post de su Twitter, que una I. A. puede comenzar una guerra si esta lo ve como una estrategia factible.

No obstante, esta no es la primera vez que Musk advierte sobre los peligros de la I. A. Y exige que se regule para proteger a la gente; en consecuencia, creo su compañía OpenAI, que, como bien indica su nombre, se encarga de investigar sobre la I. A. de manera abierta. Por ende, ¿si la I. A. no se regula, que clase de predicciones puede dar a la gente?

Caso Siri de Apple

En primer lugar, tenemos el caso Siri de Apple, exactamente hay que viajar a los ayeres del 2014, donde Apple fue viral en internet cuando varios usuarios se percataron de que al preguntar a Siri: ¿Qué día será el 27 de julio de 2014? Esta respondía: «La apertura de las puertas del infierno».

En aquel entonces, internet era un lugar bastante random, con cosas como Konsome Panchi, y comenzaban las leyendas urbanas digitales; por lo que, encontrarte con mensajes así en algo tan cercano como Siri, sin duda asustaba a la gente o la volvía más curiosa.

Sin embargo, varios internautas con algo de tiempo libre o conocedores del lado raro del internet, no tardaron en descubrir dos cosas: en primer lugar, e 27 de julio es considerado en el calendario chino como el día fantasma, que empieza en la 15ava noche de julio del calendario chino; así que fantasmas, espíritus o entes, subían del inframundo a visitar a los vivos.

«Que día fue el 7 de agosto de 2013», fue miércoles, 7 de agosto de 2013 (apertura de las puertas del Infierno)

En segundo lugar, descubrieron que el Ramadán islámico se celebraba entre el 28 de junio al 27 de julio del 2014; dicha fecha es importante para los musulmanes, ya que el Qur´an/ Corán, el Libro Sagrado, fue revelado al profeta Mohammed en ese periodo de tiempo. De hecho, para la tradición musulmana, las puertas del cielo se abren al empezar la celebración y las del infierno se cierran, atrapando así a los demonios; es por eso que, el 27 de julio, las puertas del infierno se abren nuevamente.

Al final, lo que Siri realmente dice es que finaliza el Ramadán, aunque claro, de forma más poética y oscura; mientras que. Para unos es curioso que los programadores de Apple optaran que Siri dé esa respuesta, otros creen que hay algún significado oculto en esta I. A (Inteligencia Artificial).

«Que día será el 28 de junio de 2014, será sábado 28 de junio de 2014» (inicio del Ramadán).

Caso Traductor de Google

Posteriormente a las declaraciones de Putin, en el 2018, un usuario descubrió que la I. A. de Google hacia cierta traducción sobre una profecía relacionada al Apocalipsis; dicha profecía, aparece cuando seleccionas el idioma Maorí, escribes 19 veces la palabra dog (perro en inglés) y aparece esto: «El reloj del juicio final está a tres minutos para las 12. Estamos experimentando personajes y eventos dramáticos en el mundo».

Tanta fue la viralidad que probablemente viste alguna publicación en Twitter, Facebook, Reddit o 4Chan; en consecuencia, los miembros de Google sacaron un comunicado. A través del mensaje alegaron que es una función de la Inteligencia Artificial del traductor; la cual consiste en generar frases aleatorias sin sentido cuando se le pide traducir algo disparatado.

Aunque, sobra decir que las teorías no tardaron en surgir desde el primer momento que se compartió el fenómeno; algunos usuarios de Reddit alegan que se usaron fragmentos de textos bíblicos con idiomas poco usados, dado que la Biblia está traducida a casi todos los idiomas. Al mismo tiempo, otros usuarios de esta misma red social notaron que al elegir el somalí y escribir varias veces la palabra «ag», sale un pasaje sobre Gershon (Antiguo Testamento); «Como resultado, el número total de los miembros de la tribu de los hijos de Gershon era de ciento cincuenta mil».

Algunos más lógicos, expresan que se trata de restos de información que tiene la I. A. para lograr algunas funciones; pero, dada la cantidad de información y algoritmos que almacena, filtra y analiza Google; a la fecha muchos teorizan que esto pudo advertir sobre la decisión de Putin. ¿Será?

¿La Inteligencia Artificial es una obsesión o invención?

Alan Turing, el padre de la informática, dijo que una vez: «existirá la Inteligencia Artificial cuando no seamos capaces de distinguir entre un humano y un programa en una conversación a ciegas»; y opinó, que tanta es la obsesión humana por crear algo a su semejanza, que las estimaciones de tener la I. A. perfecta para 2040 no suenan tan fantasiosas.

Al fin y al cabo, la literatura y el cine de ficción siempre nos dan distintos escenarios sobre lo que puede hacer una I. A. con o sin límites. Tenemos clásicos como Metrópolis (1927), 2001: *Odisea en el Espacio* (1968), *Blade Runner* (1982), *Terminator* (1984), o *Ghost in the Shell* (1985); a parte de algunos más modernos como *Ex machina* (2014), *Upgrade* (2018), *I am Mother* (2019) o *Archive* (2020).

Después de todo están las I. A. más avanzadas como la ginoide (robot humanoide) Sophia, quien ha dado muchas predicciones sobre el futuro de la humanidad; desde predecir que los humanos pasaran más tiempo inmersos en realidades virtuales (hola, omegaverse), hasta la ahora común sustitución de capital humano por robótico, tanto en empresas como en el campo de batalla.

Debido a la capacidad tecnológica de este tipo de robots para aprender y simular comportamientos, da hasta cierto miedo cuando sueltan predicciones catastróficas; dado que, al analizar toda nuestra información ya trasladada a internet, como nuestro comportamiento social, crisis e historia a través de nuestros patrones, claro que nos deja en que pensar.

A mi parecer, que los robots cada vez sean de apariencia más ginoide, pero con esa voz sintética y sin vida; dando predicciones creadas por sus algoritmos analizados o creados para la guerra, me hacen sentir que el ambiente se vuelve oscuro cerca de ellos, casi siniestro. Por lo tanto, no tengo duda en que, si el ser humano quiere producir una máquina que prediga el futuro o sea el soldado perfecto, puede hacerlo, aunque creo que aún estamos lejos.

De momento: «Temo las consecuencias de crear algo que pueda igualar o superar a los humanos. La I. A. despegaría por su cuenta y se rediseñaría a un ritmo cada vez mayor. Los humanos, limitados por la lenta evolución biológica, no podrían competir y serian superados».

Stephen Hawking, físico británico.

El Apocalipsis de Apple

Es una obviedad que los Smartphone ya son prácticamente una extensión de nuestros cuerpos y muchas personas han desarrollado una gran dependencia por estos; con ello, en la Apple Worldwide Developers Conference (WWDC) del 2017, la enorme empresa presento un video que retrata el Apocalipsis: un mundo sin apps. El video fue creado para alentar al equipo de desarrolladores de apps de Apple para que se sientan orgullosos de la labor que tienen en la sociedad.

Dicho video, a pesar de tener un humor paródico, sabe aprovechar bien ese miedo latente que siempre existirá por la llegada de un caos mundial incontrolable; y que sean cada vez más sectores de la sociedad más dependientes de las Inteligencias Artificiales de varias empresas, eso es lo que para mí es más espeluznante.

A soñar con ovejas eléctricas

Cada día, la realidad supera a la ficción y se mire por donde se mire, las I.A. por ahora no pueden predecir exactamente el fin del mundo; seguramente, no más allá de lo ya escrito o de lo que puedan aprender o analizar sus algoritmos. Claro, no está en los planes de Siri o de Sophia lanzarnos misiles rusos; «si les tranquiliza revisen las 3 leyes de la robótica» de Isaac Asimov.

Por esto mismo, creo que la verdadera pregunta para reflexionar antes de «ir a dormir» es: Si las I. A. alcanzaran a realizar predicciones apocalípticas, ¿significa que la capacidad de los humanos para decidir nuestro futuro y libre albedrio se rompería? (Ludlow, 2022).

¿Será destruido el planeta Tierra?

¿Se ha preguntado alguna vez qué futuro le espera a la Tierra? Al observar lo que le está ocurriendo a nuestro hermoso planeta, hay quienes creen que no podrá sobrevivir.

En efecto, la sobreexplotación de recursos naturales inestimables como el agua y los bosques, así como la alteración del perfecto equilibrio de la atmósfera, están acabando con la Tierra. Algunos científicos también sostienen que la Tierra y la vida que hay en ella pueden estar amenazadas por el impacto de un gran meteorito, por la explosión de una estrella o porque se agote el hidrógeno —el combustible— del Sol.

Hay científicos que creen que la Tierra perderá gradualmente —quizás a lo largo de miles de millones de años— su capacidad para sostener la vida. La Encyclopedia Britannica describe este proceso como «la irreversible tendencia al desorden».

Por fortuna, la Biblia nos asegura que Jehová Dios no permitirá que la Tierra sea destruida o quede inhabitable. Como Creador, posee «energía dinámica» ilimitada, de modo que puede hacer que el universo exista indefinidamente (Isaías 40:26). Así que tenga confianza en lo que dicen los siguientes versículos: «(Dios) ha fundado la tierra sobre sus lugares establecidos; no se le hará tambalear hasta tiempo indefinido, ni para siempre». «Alábenlo, sol y luna. Alábenlo, estrellas de luz todas; porque él mismo mandó y fueron creados. Y los tiene subsistiendo para siempre, hasta tiempo indefinido» (Salmo 104:5; 148:3-6).

El propósito de Dios para la Tierra

Jehová Dios jamás quiso que la Tierra se maltratara y se contaminara, como ocurre en la actualidad. Más bien, cuando creó a Adán y Eva, la primera pareja humana, les dio un bonito jardín donde vivir. Por supuesto, el Paraíso, su hogar, no se habría mantenido hermoso por sí solo. Dios les encargó que 'lo cultivaran y lo cuidaran' (Génesis 2:8, 9, 15). Ese fue el agradable y satisfactorio trabajo que recibieron nuestros primeros padres cuando aún eran perfectos.

Pero el propósito de Dios incluía mucho más que cuidar de aquel jardín original: él quería que toda la Tierra llegara a ser un paraíso. Por eso, les dio este mandato a Adán y Eva: «Sean fructíferos y háganse muchos y llenen la tierra y sojúzguenla, y tengan en sujeción los peces del mar y las criaturas voladoras de los cielos y toda criatura viviente que se mueve sobre la tierra» (Génesis 1:28).

Lamentablemente, el propósito divino se enfrentó a la oposición de un ángel orgulloso a quien se le llegó a conocer como Satanás. Este deseaba que Adán y Eva lo adoraran. Sirviéndose de una serpiente como portavoz, Satanás logró que se rebelaran contra la gobernación de Dios (Génesis 3:1-6; Revelación [Apocalipsis] 12:9). ¡Cuánto debió dolerle a nuestro Creador que fueran tan egoístas y desagradecidos! Pero lo que aquella rebelión no pudo cambiar fue el propósito de Dios para la Tierra, pues él dijo: «Así resultará ser mi palabra que sale de mi boca. No volverá a mí sin resultados, sino que ciertamente hará aquello en que me he deleitado, y tendrá éxito seguro en aquello para lo cual la he enviado» (Isaías 55:11).

Existen razones muy poderosas por las que Jehová ha permitido que la rebelión de Satanás continúe hasta nuestros días. En todo este tiempo, la humanidad ha tenido la oportunidad de probar muchas formas de gobierno, y los resultados han demostrado que la independencia de Dios, promovida por Satanás, es un completo fracaso (Jeremías 10:23)

Con todo, durante los miles de años que han transcurrido, Dios ha bendecido a la humanidad de varias maneras. Por ejemplo, ha favorecido a determinadas personas justas. También ha preservado en la Biblia un registro de las consecuencias tanto de ser obedientes como de rechazar las normas divinas. Además,

Jehová ha hecho obras maravillosas para beneficio nuestro en el futuro. En su amor, ha suministrado a la humanidad un Salvador, enviando a su amado Hijo Jesucristo para que nos enseñara el mejor modo de vivir y diera su vida por nosotros (Juan 3:16). Puesto que Jesús no merecía morir, su muerte proporcionó la base legal para que Dios recuperara lo que Adán y Eva habían perdido, a saber, la posibilidad de vivir eternamente en una Tierra paradisíaca. Con este fin, Jehová Dios ha instaurado un Reino celestial para gobernar a toda la humanidad y ha nombrado a su Hijo, Jesucristo resucitado, como Rey de ese Reino. Este maravilloso gobierno logrará que el propósito de Dios para la Tierra se haga realidad (Mateo 6:9, 10).

Por tanto, usted puede confiar plenamente en estas promesas bíblicas: «Los malhechores mismos serán cortados, pero los que esperan en Jehová son los que poseerán la tierra. Los justos mismos poseerán la tierra, y residirán para siempre sobre ella». «"¡Mira! La tienda de Dios está con la humanidad, y él residirá con ellos, y ellos serán sus pueblos. Y Dios mismo estará con ellos. Y limpiará toda lágrima de sus ojos, y la muerte no será más, ni existirá ya más lamento ni clamor ni dolor. Las cosas anteriores han pasado". Y Aquel que estaba sentado en el trono dijo: "¡Mira!, voy a hacer nuevas todas las cosas"» (Salmo 37:9, 29; Revelación 21:3-5).

La Biblia no se contradice

Pero tal vez usted se pregunte: «¿Cómo se pueden armonizar estas citas bíblicas con otros versículos que parecen hablar de la destrucción de la Tierra?». Analicemos algunos ejemplos que demostrarán que la Biblia no se contradice.

Mucho antes de que los científicos reconocieran la «tendencia al desorden» en el mundo físico, un salmista escribió refiriéndose a Dios: «Tú colocaste los fundamentos de la tierra misma, y los cielos son la obra de tus manos. Ellos mismos perecerán, pero tú mismo quedarás en pie; e igual que una prenda de vestir todos ellos se gastarán. Igual que ropa los reemplazarás, y ellos terminarán su turno. Pero tú eres el mismo, y tus propios años no se completarán» (Salmo 102:25-27).

Con estas palabras, el salmista no desmintió el propósito eterno de Dios para la Tierra. Más bien, estaba contrastando la existencia eterna de Dios con el carácter perecedero de toda la materia creada por él. Si no fuera por el poder eterno y renovador de Dios, el universo —lo que incluye el sistema solar del que depende nuestro planeta para tener luz, energía y estabilidad orbital— se sumiría en un caos absoluto que lo conduciría a su destrucción. Así que, por si sola, la Tierra se 'gastaría', es decir, llegaría a su fin.

Existen otros pasajes bíblicos que a primera vista parecen contradecir el propósito de Dios para la Tierra. Por ejemplo, la Palabra de Dios dice que el cielo y la tierra 'pasarán' (Revelación 20:21). Pero estas palabras de ningún modo contradicen la promesa de Jesús: «Felices son los de genio apacible, puesto que ellos heredarán la tierra» (Mateo 5:5). Entonces, ¿qué quiere decir la Biblia cuando afirma que el cielo y la tierra «pasarán»?

Con frecuencia, la Biblia utiliza la palabra Tierra en sentido figurado, refiriéndose a la humanidad. Veamos como ejemplo este versículo: «Toda la tierra continuaba siendo de un solo lenguaje y de un solo conjunto de palabras» (Génesis 11:11). Obviamente, en esta cita, la «tierra» no se refiere al planeta, sino a la gente que vivía entonces. Otro ejemplo lo encontramos en (Salmo 96:1), donde dice: «Cantad a Jehová, toda la tierra» (Reina-Valera, 1960). Es evidente que en estos y en muchos otros pasajes, la palabra tierra se utiliza simbólicamente para referirse a la gente (Salmo 96:13).

Por otra parte, la Biblia a veces relaciona los gobiernos de la Tierra con los cielos o con cuerpos celestes. Por ejemplo, se asemejó a los opresivos gobernantes de Babilonia a estrellas porque se ensalzaban por encima de los demás (Isaías 14:12-14). Tal y como se predijo, los «cielos» y la «tierra» simbólicos de Babilonia —la clase dirigente y sus partidarios, respectivamente— desaparecieron en el año 539 antes de nuestra era (Isaías 51:6). Este hecho permitió el regreso de los judíos arrepentidos a Jerusalén, donde unos «nuevos cielos» —una nueva administración— gobernaron sobre «una nueva tierra», es decir, sobre una sociedad de personas justas (Isaías 65:17).

Todo parece indicar que cuando la Biblia dice que los cielos y la tierra 'pasarán' se refiere al fin de los actuales gobiernos corruptos y de sus malvados partidarios (2 Pedro 3:7). A continuación, el nuevo gobierno celestial de Dios derramará sus bendiciones sobre una nueva sociedad justa, tal como dice la Biblia: «Hay nuevos cielos y una nueva tierra que esperamos según (la) promesa (de Dios), y en estos la justicia habrá de morar» (2 Pedro 3:13).

Por lo tanto, usted puede tener fe en la promesa de Dios de que nuestro planeta durará para siempre. Además, la Biblia indica lo que debe hacer para estar presente en ese tiempo maravilloso cuando toda la Tierra se convertirá en un paraíso. Jesús dijo: «Esto significa vida eterna, el que estén adquiriendo conocimiento de ti, el único Dios verdadero, y de aquel a quien tú enviaste, Jesucristo» (Juan 17:3). ¿Por qué no se propone examinar lo que la Biblia enseña sobre el futuro de la Tierra y del ser humano? Los testigos de Jehová estarán encantados de ayudarle (Watchtower, 2008).

Conclusión

Cada campo de estudio tiene su hipotética teoría respecto al libro Apocalipsis o Revelaciones, el último documento que integra la Biblia en el Nuevo Testamento. Este libro, cuyos mensajes se han publicado después de haber sido descifrados e interpretados, se refiere a la extinción de la humanidad (fin de los tiempos, destrucción del planeta, juicio final, etc.).

Como hemos leído, cada documento agregado refiere a un posible cataclismo. Para la ciencia, todo oscila en pro de la evolución obvia en el desarrollo de los procesos ambientales o internos del planeta, como se ejemplifica en diferentes documentos en los cuales se alude al momento y término nombrado como «Pangea». Así, la consiguiente configuración terrestre que determina y separa a los continentes es la obviedad científica de cómo aparecerán o desaparecerán territorios. Este proceso es en realidad tardado, por lo que es normal hablar de miles o millones de años que, se entiende, habrán de transcurrir.

En el campo religioso, se interpreta la permanencia del planeta. Mas, para las Iglesias católica y cristiana, la raza humana será castigada mediante un enjuiciamiento ejecutado por Dios todopoderoso, el cual limpiará de entre las poblaciones humanas a las personas que no vivieron en el temor de Dios ni acataron sus mandamientos. La Biblia es interpretada en pro de un permanente paraíso del que solo estarán fuera los impíos y los pecadores en general, mas no se habla de un fin del mundo como tal.

Si regresamos al campo de la ciencia y la tecnología, las percepciones cambian: vertiginosa evolución armamentista, sorprendentes creaciones de máquinas que emulan a los seres humanos con la fantástica aplicación de la Inteligencia Artificial, el gasto —o llamémosle inversión— de estratosféricas cantidades de millones de dólares para expediciones de exploración a los planetas de la galaxia, pero sobre todo al planeta Marte.

¿Será esto un plan para contar con un posible y seguro refugio fuera de la Tierra después de una gran guerra nuclear? Las respuestas incluyen paradójicas ironías: ¿Quiénes se refugiarán en Marte? ¿Los que crearon la guerra en la Tierra? Y en Marte, ¿serán compañeros y vecinos? ¿Es la colonización del planeta rojo un intento por preservar la especie? ¿Acaso la guerra es una medida para despoblar el planeta Tierra? Y, una vez que el peligro de la radiación haya pasado, ¿los refugiados regresarán a nuestro planeta? Si es así, con el conocimiento que habrán adquirido, ¿habrá una única raza de humanos sin clasismo ni pobreza, una raza superior que tendrá a su servicio entes de inteligencia artificial?

Estas y más interrogantes surgen a partir de la guerra entre Rusia y Ucrania. Este conflicto, después de todo, no ocurre solo entre estos dos países, pues es muy comentada y difundida la participación de la Unión Europea y Estados Unidos, quienes de manera cínica «tiran la piedra y esconden la mano»: apoyan a Ucrania con dinero y envío de armas mientras imponen medidas restrictivas contra Rusia.

Se habla hasta el cansancio sobre los derechos humanos, pero ¿dónde queda el humanismo de las potencias imperialistas cuando imponen medidas restrictivas a las naciones? En el discurso político se expresa que se trabaja por la atención y superación de los pueblos, pero en la práctica se utiliza el poder para aplicar rigurosas sanciones que frenan el desarrollo de los países afectados. Y no me estoy refiriendo en particular a Rusia, pues tenemos ejemplos más contundentes de violaciones de los derechos humanos en países como Cuba y Venezuela, naciones donde su pueblo ha padecido la arrogancia de las superpotencias, lo cual las ha llevado a la paradoja de vivir en una prisión domiciliaria.

La arrogancia, la avaricia y la mentira de unos contra el orgullo y el rencor de otros: esto es lo que puede llevar a una no deseada guerra nuclear. Este posible conflicto generaría una lastimosa y mortal condición ambiental como consecuencia de las explosiones de las mortíferas bombas en los territorios de los países implicados, la cual afectaría sobre todo a la población inocente: ¿y los derechos humanos?

Referencias bibliográficas

Amelia, F. (2017, septiembre 5). Francisco, ¿el papa del Apocalipsis? *Blogs El Tiempo*. https://blogs.eltiempo.com/abracadabra/2017/09/05/francisco-el-papa-del-apocalipsis/

Arellano, P. (2022a, mayo 2). Científico afirma que la humanidad está «en peligro de extinción» y explica cómo sería ese fin. *Prensa Libre*. https://www.prensalibre.com/vida/ciencia/cientifico-afirma-que-la-humanidad-esta-en-peligro-de-extincion-y-explica-como-seria-ese-fin/

Arellano, P. (2022b, mayo 10). Reciente estudio afirma que «El fin del mundo» está mucho más cerca de lo que se cree y explica las causas que lo provocarían. *Prensa Libre*. https://www.prensalibre.com/vida/ciencia/reciente-estudio-afirma-que-el-fin-del-mundo-esta-mucho-mas-cerca-de-lo-que-se-cree-y-explica-las-causas-que-lo-provocarian/

BBC News Mundo (2021, julio 12). Cómo fue el viaje del multimillonario Richard Branson a las puertas del espacio a bordo de su propia nave. https://www.bbc.com/mundo/noticias-57791463

Di Bussolo, A. (2018, noviembre 27). *Papa: Es sabio pensar en el final, será un encuentro de misericordia con Dios*. Vatican News. https://www.vaticannews.va/es/papa-francisco/misa-santa-marta/2018-11/papa-misa-santa-marta-sabio-pensar-en-el-final-encuentro-dios.html

Dierckx, P., & Jordá, M. (2022). *El Apocalipsis*. Catholic.net. http://es.catholic.net/op/articulos/5851/el-apocalipsis.html

Lemos (2022, marzo 10). *Rusia, la tercera guerra mundial y las profecías bíblicas*. Iglesia Adventista Del Séptimo Día. https://noticias.adventistas.org/es/noticia/biblia/rusia-la-tercera-guerra-mundial-y-las-profecias-biblicas/

Ludlow, S. (2022, marzo 15). *La Inteligencia Artificial y el Apocalipsis; el futuro según los algoritmos*. Modernidades. https://modernidades.com.mx/la-inteligencia-artificial-y-el-apocalipsis-el-futuro-segun-los-algoritmos/

Meléndez, J. (s. f.). *Tierra Santa*. Mucha Historia. Recuperado 6 de marzo de 2023, de https://muchahistoria.com/tierra-santa/

Michelow, D. (2020, abril 12). *El apocalipsis de los filósofos*. El Mostrador | Blogs y Opinión. https://www.elmostrador.cl/noticias/opinion/columnas/2020/04/12/el-apocalipsis-de-los-filosofos/

Palm, J. (2019, septiembre 2). *¿Está profetizada la tecnología moderna en la Biblia?* [Text]. Las Buenas Noticias. https://espanol.ucg.org/las-buenas-noticias/esta-profetizada-la-tecnologia-moderna-en-la-biblia

Reina-Valera (1960). *Bible Gateway*. https://www.biblegateway.com/passage/?search=Apocalipsis%201&version=RVR1960

Rosales Meana, D. I., & Escamilla, J. M. (2017). Filosofía y Apocalipsis. *Revista de filosofía open insight*, *8*(13), 3-6.

Rossi, R. (2015, octubre 1). *«Y se maravilló toda la tierra» con el Papa*. Iglesia Adventista Del Séptimo Día. https://noticias.adventistas.org/es/columna/rafael.rossi/y-se-maravillo-toda-la-tierra-con-el-papa/

Significado de Apocalipsis (s. f.). Significados. Recuperado 6 de marzo de 2023, de https://www.significados.com/apocalipsis/

TecnoXplora (2020, enero 3). *Así sería el Apocalipsis causado por una guerra mundial entre Estados Unidos y Rusia*. https://www.lasexta.com/tecnologia-tecnoxplora/ciencia/divulgacion/asi-seria-apocalipsis-causado-guerra-mundial-estados-unidos-rusia_201909265d8d034b0cf2881ce85efc0c.html

Velázquez, C. (2022, marzo 18). *Qué dice la Biblia sobre el Fin del Mundo y el Apocalipsis*. Modernidades. https://modernidades.com.mx/lo-que-dice-la-biblia-sobre-el-apocalipsis-y-la-tercera-guerra-mundial/

Watchtower (2008). *¿Será destruido el planeta Tierra?* https://wol.jw.org/es/wol/d/r4/lp-s/2008245

Lecturas recomendadas

El forzado inicio de la era digital
(Carlos Cáceres Valdebenito)

Camino hacia el despertar. COVID-19
como estrategia de control
(Ezequiel Salvagno)

www.ingramcontent.com/pod-product-compliance
Lightning Source LLC
LaVergne TN
LVHW091057150826
845673LV00002B/615

* 9 7 8 6 1 2 5 1 1 2 0 7 1 *